예를 들어 무당거미

18

예를 들어 무당거미

복효근

현대시학 기획시인선

복효근

1991년 《시와시학》으로 활동을 시작하였으며 시집 『당신이 슬플 때 나는 사랑한다』 『버마재비 사랑』 『새에 대한 반성문』 『누우 떼가 강을 건너는 법』 『목련꽃 브라자』 『마늘촛불』 『따뜻한 외면』 『꽃 아닌 것 없다』 『고요한 저녁이 왔다』, 청소년 시집 『운동장 편지』, 시선집 『어느 대나무의 고백』, 디카시집 『허수아비는 허수아비다』, 교육 에세이집 『선생님 마음 사전』 등을 출간하였다.
편운문학상신인상, 시와시학젊은시인상, 신석정문학상 등을 수상하였다.

✽ 시인의 말

아무래도 시는 울면서 웃는 방식이다

지독한 빚쟁이처럼 꿈결에도 나타나곤 했다.
서로의 정체를 모르는 채
야멸차게 떨치고 돌아설 재간이 없어서 여기까지 왔다.

누군가는 몇 걸음에 도달할 거리를 돌아보니 30년,
300년을 걸어도 닿지 못할 것임을 알 즈음이다.

어느 누가 너처럼 한결같으랴.
어쩔 수 없다.
가는 데까지 가자.

2021년 가을
지리산 아래 범실에서

차례

＊시인의 말

1부

능소화가 지는 법	14
왈칵, 붉은	16
꽃을 다시 정의하다	18
붓다의 치명적 농담	20
어떤 자랑	22
불편하지 않을 정도의 풍경을 위한 메모	24
구름의 행로	26
운석 이후	28
벌	30
업다	32
그 눈망울의 배후	34
무화과	36
예를 들어 무당거미	38
생이 그대를 속일지라도	40
흰 고무신에 대한 소고	42
복숭아와 인생관	46
입춘 무렵	48

2부

소쩍새 시창작 강의 2	50
약력 추가	52
시인에게 하고 싶은 질문 몇	54
폭설 이후	56
화장花葬	58
범실의 닭	60
부처를 거래하다	62
분수	64
만복사미륵불친견기	66
청개구리	68
어떤 법문	70
헌화가 이후	72
허공의 정신	74
근황	76
두 나무 사이에 바위가 있어	78
즐거운 사기꾼	80
두 여자	82
그도 나처럼	84
물방울의 크기	86

3부

비보호좌회전	88
수컷에 대하여	90
어슬렁, 새의 입장에서	92
수염을 깎지 않은 시인 복 씨의 변명	94
시민 K	96
술 깰 무렵	98
다시 입춘 무렵	100
모나리자를 의심하다	102
어떤 배짱	104
코에 대한 몽상	106
훨훨	108
지옥도	110
가시복	112
종달終達	114
아홉수	116
그러고 보니 우리 처음이네요	118

4부

오후 여섯 시 사십 분	120
오래된 편지	122
분실물	124
바람을 위한 연가	126
환상적 탁족	128
맹탕	130
나의 직업	132
전등傳燈	134
지나다	136
매생잇국을 먹으며	138
한산 유감	140
장례식장 엘리베이터엔 거울이 없었으면 좋겠다	142
당나귀를 들어 올리는 법	144
부자	146
새소리 경연대회	148
사랑	150
범실 복 선생의 다짐	151
꽃의 속도	152
종소리의 품 안	154

* **해설**

안 들리던 것들이 새삼 들리는 이즈음 |

유성호(문학평론가·한양대학교 국문과 교수)

1부

능소화가 지는 법

능소화는 그 절정에서
제 몸을 던진다

머물렀던 허공을 허공으로 돌려주고
그 너머를 기약하지 않는다

왔다 가는 것에 무슨 주석이냐는 듯
씨앗도 남기지 않는 결벽
알리바이를 아예 두지 않는 결백

떨어진 꽃 몇 개 주워 물항아리에 띄워보지만
그 표정 모독이라는 것 같다
꽃의 데스마스크

폭염의 한낮을 다만 피었다
진다

왔던 길 되짚어가고 싶지 않다는 듯
수직으로 진다

딱 거기까지만이라고 말하는 듯
연명치료 거부하고 지장을 찍듯

그 화인 붉다

왈칵, 붉은

늦은 계절에
담장 위로 붉은 장미 몇 송이 피었을 뿐인데

피가 한쪽으로 몰린다
왈칵

아물 무렵 상처는 아프기보다는 가려워서
딱지를 뜯는다

피는 왜 붉은가
어쩌자고 장밋빛

피어나지 못한 꽃들이 남아있다는 듯

늦었을지라도,
늦었기 때문에

피고 싶은

피우고 싶은 그 붉은 문장

어쩌자고 딱지를 뜯어 다시 덧내고 싶은가

살고만 싶은가

왈칵

꽃을 다시 정의하다

올봄에 심은 무화과나무
뿌리 내리고 잎 피우느라 몸살을 앓다가

다른 무화과나무 같으면 벌써 열매가 익을 무렵
철 늦은 열매가 맺히기 시작한다

손톱만 하던 것이 날로 자라서 밤톨만 하게 자랐음에도
첫눈이 내릴 때까지 다 자라 익기까지는 가망이 없는데

첫 열매는 따버려야 이듬해에 튼실하게 열린다는 이웃
의 충고도 없지 않았으나
가는 데까진 가보자는 오기 같은 걸 지켜보기로 하였다

무화과,
꽃이 없는 게 아니라
저 몸부림이 꽃이란 생각에 이르러서

내가 언제 저 철 늦은 무화과처럼

없는 꽃이라도 피워보려 하였나 돌아보기도 하면서

꽃의 형상과 향기를 다시 정의해 본다

일찍이 낡아버린 내 나이를 헤아려보기도 하면서

붓다의 치명적 농담*

검지 끝에 침을 묻혀
방바닥에 떨어진 치모 한 가닥을
들어 올린다 제의를 치르듯

내가 이 순간에 할 수 있는 최대의, 최선의 일
이것밖엔 일이 없다

내가 나를 장례 치르듯
치모 한 가닥을 운구하듯 들어올린다
이 순간밖에 내가 없다

내 생은 말없이 치모 한 가닥 들어 올리는 것

한 사내가 말했다
과거심불가득 현재심불가득 미래심불가득**
삼세에 불火이, 불不이, 불佛이 가득하다는 얘기겠다

이 순간마저 없다는 얘기

그 사내는 스스로 한 말이 헛소리였음을 고백했다
나는 지금 헛소리를 하고 있는 것이다 속지 마라
불가득하다
불이 가득하다
불만 가득하다

* 한영조 교수의 저서 제목을 그대로 차용함.
** 『금강경』에서 인용.

어떤 자랑

공중화장실에서 오줌을 누고 그냥 나왔다
5미터 정도를 걸어 나왔다가
아니지 이건 아니지
지방대학이긴 하여도 고등교육을 받았다는
두 아이의 아버지이고
대한민국의 교사고 명색이 시인인데
아니지 이건 아니야 하여 돌아가서 물 내리는 버튼을 누르고 나왔다
그제서야 두 아이의 아버지로
당당한 가장으로
대한민국의 교사로 시인으로 돌아올 수 있었다
이 일은 이렇게 기록으로 남겨서라도 자랑하고픈 일이다
자랑할 일이 하나도 없는 사람
전생에 나라를 구한 일도 없고
이생에 영웅스러운 일은커녕 제대로 아비다운 아비인 적 없던

교사다운 교사인 적이 없던

가장다운 가장인 적 없던

더구나 잘나가는 시인인 적 없던 내가,

소변기 버튼을 누르지 않았다는 사실을 뒤늦게 깨닫고

돌아가 버튼을 누를 사람 몇이나 있을까 생각하자면

나에게 소주라도 한잔 사주고 싶은

아, 나는 이렇게 나에게 당당한 시간이 있기도 하다

불편하지 않을 정도의 풍경을 위한 메모

굳이 이 시간을 요약하려 하지 않으려 해

식탁 위의 빵을 크림빵이라고 하지 않고
빵 정도로 불렀으면 좋겠어
크림만으로 만들어진 것도 아니잖아 더구나

먹는 것은 빵만이 아니라
빵을 둘러싼 이 공기나 푸르스름한 저녁 어둠 부스러기
약간의 온기와 소음까지 아니겠어

외로움이나 그리움으로 요약하지 않으려 해
그 사이로 떠오르는 오욕이나 치욕을
어떻게 분리하겠어

저녁을 저녁이라 하는 것도 때로 폭력적일 수 있어
아직 남아있는 햇살과

아직 오지 않은 어둠에 대한 무례를 어떻게 할래

아이들 재우기 위해 자장가가 필요한 건 아니야
무어라 규정하려고 이 시간을 사용하지 않았으면 해

때로 잘못된 것은 없다고 믿고 싶은 풍경도 있어
가령 나 따위
혹은 이 세상 같은 것

구름의 행로

어제는 바람이 서쪽에서 불어왔으므로

구름은 동쪽으로 흘러갔다

오늘은 바람이 불지 않았는데도 구름은 흘러갔다

아침녘엔 어치가 와서 놀다 갔는데

오후엔 물까치가 왔다 갔다

다시 새를 기다리는데

가까운 선배 모친 부음이 왔다

잠시 후엔 거리조차 먼 선배 모친의 부음이 왔다

둘 다 가고 싶지 않았지만

먼 쪽을 택해 조문을 갔다

빈소에 아는 조문객도 없고 해서

슬그머니 나와 바닷가 횟집에서 소주를 마셨다

아닌 쪽에서 부음이 오기도 하고

없는 쪽에서 구름이 오기도 한다

내가 가는 날

아주 먼 후배가 조문을 왔다가

가까운 중국집에서 짬뽕을 먹고 갈지도 모를 일

내일은 박새가 몇 마리 놀러 올지도 모른다

혹은 아무것도 오지 않을지도 모른다

운석 이후

진주 어느 농가의 비닐하우스에 운석이 떨어졌다
시꺼먼 돌이었다
돌 하나가 인터넷을 뜨겁게 달구었다
10억을 호가한다고 어느 곳에 떨어지든
맨 처음 발견자가 소유자가 된다고 한다
농부는 갑자기 부자가 되었다
하늘의 별을 딴 사람이라고도 했다
별을 사랑하는 사람들이 많아졌다 별에 별 관심 없던 사람들도
별을 바라보는 일이 많아졌다 제 궤도를 도는 대신
별 몇 개가 안마당에 떨어지기를 바라는 사람도 생겼다
수십억 수백억 수천억짜리 별들이
쓸데없이 하늘을 떠돌고 있다니
한숨 소리가 여기저기서 들려왔다 운석 때문에
공룡처럼 인류가 멸종한다고 해도
운석비를 맞아보았으면 원이 없겠다고 말하는 사람도 보았다

별똥별이 흐르는 동안

빌면 이루어진다는 그 소원도 한 자로 줄었다 '돈!'

맘몬신을 위한 간증집회가 곳곳에서 열렸다

운석을 찾아 극지방으로 떠나는 패키지 여행상품도 생겨났다

강변의 잡석을 수백 도의 열로 구워낸 짝퉁 운석이 암거래되는 일도 일어났다

우주로 날아가 감을 따듯

별 조각을 떨어뜨리는 기술이 연구되고 있다고 한다

별을 노래하는 시인을 더 이상

저항시인으로 가르치지 않는다 경제학자로 분류한다

오늘밤도 운석 밑으로 떼지어 걸어가는*

슬픈 사람들의 뒷모습이 장사진을 이루었다

검은 돌을 보면 운석이 아닐까 의심이 들기 시작했다

나도 애처로이 별을 바라본다

* 윤동주 「참회록」 일부분 변형함.

벌

지독한 벌이다

이중으로 된 창문 창호 사이에
벌 한 마리 이틀을 살고 있다

떠나온 곳도 돌아갈 곳도 눈앞에
닿을 듯 눈이 부셔서

문 속에서 문을 찾는
벌

—당신 알아서 해
싸우다가 아내가 나가버렸을 때처럼

무슨 벌이 이리 지독할까

혼자 싸워야 하는 싸움엔 스스로가 적이다

문으로 이루어진 무문관無門關

모든 문은 관을 닮았다

업다

모과나무에 호박이 열렸다

길 잘못 든 호박 덩굴이 키 큰 모과나무를 타고 올랐다

까칠까칠한 호박 덩굴이 감아 올라와도

모과나무는 동그란 호박 한 덩이 제 자식인 듯 업고 섰다

미안한 듯 호박은 그것도 꽃이라고 호박꽃 피워 등처럼 내걸었다

모과나무 그늘이 모처럼 환하다

가시나무가 아니어서 얼마나 다행이냐고 칡덤불이 아니어서 얼마나 고마운가 하고

누가 누구에게 하는 말인지 두런두런 들려오는데

모과나무엔 또 기름한 모과 열매가 맺혀

호박 흉내를 내는지 모과는 모가 닳아서

모과엔 모가 없다

호박엔 모과향도 스며 있겠다

나를 업었던 이
내가 업었던 이를 떠올려보는 해저물녘

그 눈망울의 배후

가난한 이웃나라 어느 빈촌에 갔을 때
진열대에 싸구려 과자만 잔뜩 쌓여있는
허름한 가게 하나 있었다

헐벗은 아이들의 초롱한 눈망울이 애처로워
몇 푼씩 주려 하자
안내를 맡은 이가 돈을 주는 대신 가게에서 과자를 사서
한 봉지씩 쥐어주라고 했다

과자 한 봉지씩 쥐어주고
쓰러져가는 집들을 돌아보고 골목을 벗어나려는데
아이들 손에 들렸던 과자는 다시 거두어져
진열대에 놓이는 것을 보았다

내가 준 것이 독이었을까 약이었을까
내가 지은 것이 복이었을까 죄였을까

어느 하늘보다 별이 맑은 그 밤

끝내 묻지 못하였다

아이들의 머루알 같은 그 눈망울의 배후

무화과

그에게 꽃이 없다 말하지 말자

꽃은 주머니에 넣어서 옆구리에 차고 있다

이름하여 화낭花囊

꽃 피고

꽃 지는 덧없는 길 위에서

질정 없이 흔들리는 마음

피고 짐을 요약하여 한 주머니에 넣어 두었다

화낭이 익으면 과낭果囊

어미 짐승의 젖꼭지를 닮았다

몸속엔 피 대신 우유같이 하얀 유액이 흘러

사막을 헤매는 낙타의 목마른 울음소리 들리는 날이면

유선이 부풀어서

세상 모든 아이들, 아이 같은 이들에게 젖 먹이고 싶었을까

신은 분명 모성이었을 것

폭염의 언덕에 서서

걸어서 사막을 건너는 이들을 부르는 듯

작은 바람에도 흔드는 손

푸른 잎맥이 지문처럼 새겨져 있다

꽃도 아니고 열매도 아닌

꽃이면서 열매인

그것밖에는 아무것도 없고

이윽고는 그것마저 없는

예를 들어 무당거미

무당이라니오

당치 않습니다

한 치 앞이 허공인데 뉘 운명을 내다보고 수리하겠습니까

안 보이는 것은 안 보이는 겁니다

보이는 것도 다가 아니고요

보이지 않는 것에 다들 걸려 넘어지는 걸 보면

분명 보이지 않는다고 없는 것은 아니지요

그 덕분에 먹고 삽니다

뉘 목숨줄을 끊어다가 겨우 내 밥줄을 이어갑니다*

  내가 잡아먹은 것들에 대한 조문의 방식으로 식단은 늘 전투식량처럼 간소합니다

  용서를 해도 안 해도 상관없습니다

달라지는 것은 하나도 없으니까요
작두라도 탈까요

겨우 줄타기나 합니다
하루살이 한 마리에도 똥줄이 탑니다

무당이라니오
하긴 예수도 예수이고 싶었을까요

신당도 없이 바람 막아줄 집도 정당도 없이
말장난 같은 이름에 갇힌 풍찬노숙의 생

무당 맞습니다
그래서 어쩌라고요

* 신휘 시인의 「실직」의 한 구절 변용함.

생이 그대를 속일지라도

매일 아침 지나치던 사내
오늘 아침은 주춤, 주춤 한 걸음씩 떼어놓으며
반신마비된 몸을 이끌며 다가온다

안 보이던 한 일 년 사이 뇌졸중이 다녀가셨나 보다
휙휙 지나치던 시간을
이제는 일분일초 더듬으며 간다

이나마 얼마나 다행이냐는 듯
이게 어디냐는 듯 미소까지 보이며
춤을 추듯 간다

무너지는 쪽을 다른 한쪽이 추어올리며
주춤

주

춤

막무가내로 아름다운 춤이 있다

흰 고무신에 대한 소고

윗집 죽산댁 할머니가

댓돌 위에 눈부시게 닦아놓은 남자 흰 고무신 한 켤레

영감님 쓰러져 신발 한번 신어보지 못한 몇 년 동안도

가신 지 몇 년이 지난 오늘도

늘 그 자리

바람이 신어보는 신발

가끔 눈발이나 신어보는 그것에

무슨 먼지와 흙이 얼마나 묻었다고

마루를 내려서기도 힘든 노구를 움직여

없는 남편 신발을 닦아 당신 신발 곁에 놓으시네

저 신발 신고

꿈결에 오셨을라나

후생의 먼 길을 걷고나 계실라나

주인 없는 신발을 닦는,
신을 일 없는 신발을 놓아두는 저 마음 헤아릴 수 있다면
바위를 깎아 석가탑을 세우는 일을 알 수 있으리

작은 쪽배 같은 신발 한 켤레로
이생과 후생이 이웃 같은 시간이 이렇게 있네

복숭아와 인생관

농장 옆 학교에 근무한다는 이유로 아내는

퇴근하면서 흠집이 많아 싸게 판다는 복숭아 한 상자 사 왔다

새가 먼저 쪼아 먹었거나 벌레가 먼저 둥지를 튼 비품

반 상자 정도는 더 얹어줘서

아침저녁으로 먹어도 아직 한참이나 남았다

못난이 과실이다 보니 누구 나눠주기도 뭐해서

두고 먹는데 자꾸 썩어 간다

가장 좋은 것, 그다음 좋은 거, 그리고 그다음 좋은 거 하다 보면

맨 마지막에 남는 것도 좋은 것 아니겠느냐

상한 것부터 먹다 보면 그다음도 상한 거, 그다음도 상한 것

그리고 마지막 남은 것도 상한 것 아니겠느냐며

그래서 성한 놈부터 먹자는 아내와

자꾸만 상해가니 상한 놈부터 먹자는 나와

이렇게 먹어도 그게 그거

저렇게 먹어도 그게 그건데

똑같은 복숭아 먹는 데도

서로 다른 인생관이 불거진다

모자라 다투는 것보다

남아서 다투는 것이 얼마나 다행이냐고

상한 부분 도려내고

성한 과육만 아웅다웅 먹는다

다음부턴 우리도 남부럽잖게 좋은 상품 먹자 하니

아내는 또 모르는 소리 말란다

우리 덕분에 뒷마당에 버린 상한 복숭아

물까치 가족도 함께 먹지 않느냐며

입춘 무렵

혼자 살다가, 버티다가
딸내미, 사위들 몰려와서
가재도구 차에 나누어 싣고
앞집 할머니 콜택시 불러 요양병원으로 떠난다

아프면 아프다 진작 말하지
요 모양 요 꼴 되어서
이웃에서 전화하게 만들었느냐고
노모를 타박하는 딸년도
눈시울 뭉개져 아무 말 없는 노인네도
무던하다 생이 그렇다

겨울 지나는 입춘 바람이 맵다
살던 집 둘러보는 노구의 구부러진 그림자를
휘청 담벼락이 받아 준다

거기가 요양하는 곳이라면 얼마나 좋으랴만

당신도, 나도 우리도 다 안다

대합실 같은 곳, 대기소 같은 곳

그러나 다행이다

더 요양할 삶이 남아있지 않다

아무튼 나는

손수 가꾸어 가지런히 다듬어서 주시는 부추와

생도라지와 달래나물을 다시는 못 얻어먹겠구나 싶어서

눈앞이 자꾸 흐려지기도 하였다

2부

소쩍새 시창작 강의 2

여름도 깊은 밤

소쩍새 울음소리 들립니다

저놈은 목청을 틔우고 처음 울음을 배우는 모양입니다

쇳소리가 배어있지 않습니다

그다지 멀지 않은 곳에서 아비 소쩍새 화답합니다

이놈아 울음 끝이 그렇게 물러서야 쓰겄냐 소쩍

아랫배에 힘을 주고 똥구멍 괄약근을 목구멍까지 땡겨서

목청에서 피가 튀도록 청을 돋궈봐 소쩍

올가을 어떻게 난바다를 건너려고 그려 소쩍

소쩍새는 날개로 바다를 건너는 게 아녀

모름지기 소쩍새는 울음소리 하나로 바다를 건너야 하는
거여 소쩍

재주가 많아 어치를 닮았나

깃털이 고와서 원앙을 닮기를 했나

다만 주먹 만한 몸뎅이로 온 밤을 울려 울려서는

소월이며 백석이며 그네들을 울려서는

그 울음 그것 하나로 천지간에 꽃을 피우고 시를 쓰게 하지 않았더냐 소쩍

물려줄 거라곤 울음통 하나밖에 없는 아비의

알았냐 소쩍

물려받을 거라곤 울음통 하나밖에 없는 자식

알았소 소쩍

앞산은 앞섶에 보름달 소리북 하나 앉히고

밤은 소오쩍 깊어 갑니다

약력 추가

시 쓰는 일과 별 관계도 없는 무슨 직함

또 무슨 직함 화려한 이력을 열거한 걸 보면

부럽다 싶다가도

시인이라는 이름도 버거운데

그 무거운 약력에 눌린 생이 안쓰러워 보이기도 했지요

그러나

뱀눈그늘나비가 날개에 뱀눈을 그려 넣은 것처럼

쬐그만 가시복어가 제 몸을 부풀리고 가시를 세우는 것처럼

화려한 때론 거창한 약력은

약하디약한 스스로에 대한 자기위안 혹은

보호색 내지는 위장술이라는 생각에

고개가 끄덕여지기도 했지요

하여 나도

뱀눈그늘나비 날개 면적만도 못한 내 약력에

아주 당당하게 그리고 거창하게

내 초라한 초상에 광배를 두르듯

한 줄 추가하기로 마음먹었지요

"지리산 그늘 아래 산다."

이 한 문장

헴!

시인에게 하고 싶은 질문 몇

1.

어려운 말을 모르는 나도 시인이 될 수 있을까

2.

스타가 되지 못한 시인은

죽어서 무엇이 될까

3.

총을 쥐어야 하는 상황이 오면

시인은 총을 쏠까

누구를 쏠까

4.

시인은 시인을 몇이나 죽였을까

5.

당신,

진짜야?

폭설 이후

첫눈인데도 폭설로 내려서
내 사는 이곳의 안부를 묻는 문자가 왔다

마을 앞산과 뒷산에 더러 설해목이 생겼을 뿐
아무 일 없노라고 답 문자를 보냈다

눈이 녹은 오늘 오후 마을길을 걷다가
내 생각이 얼마나 짧았는지 깨닫는다

우듬지가 부러진 저 아름드리 소나무들에게는
한목숨 오가는 일이었을 터

솔잎 하나만 떨어져도 산빛이 줄어들* 터인데
산천은 또 얼마나 아팠을까 생각하면

섣부른 내 답 문자를 뒤늦게 수정한다

이번 폭설에 나도 안녕하지 못하다

* 두보의 「曲江」에서 "一片花飛減却春"을 변형.

화장花葬

각시원추리 시든 꽃잎 사이에
호랑나비 한 마리 죽은 채 끼어 있다

시들어 가는 꽃의 중심에 닿기 위하여
나비는 최선을 다하여 죽어갔으리라

꽃잎에 앉아 죽어가는 나비를
꽃은 사력을 다하여 껴안았으리라

폼페이 화산재 속에서
껴안은 채 발견된 연인의 화석처럼

서로에게 스며들고 있었다
서로에게 소멸되고 있었다

다시

노란 조등 하나가 켜지고

어느 궁극에 닿았다는 것인지
문득 죽음 너머까지가 환하다

범실의 닭

앞집 장닭이 운다
새벽인가 깨었더니 한밤중이다
시도 때도 없이 운다

영어를 배우지 않은 닭이 'cock-a-doodle-doo' 운다는 말은
그야말로 말도 안 된다
미국 닭이 '꼬끼오' 운다는 말도 낭설일 것이다

잘 들어보니 우리 동네 닭은 내 이름을 부르며 운다
어찌 알았는지
'보쿄그~은' 내 이름을 길게 홰쳐 운다*

한 마리가 울면
이내 옆집 옆집으로 번져
온 동네 장닭들이 울음의 그물을 짠다

버리지 않았어야 할 그 무엇을 버리지는 않았는지

목숨 걸어야 할 그 무엇을

세 번 네 번 부정하지는 않았는지

거듭거듭 그 누구에게 등 돌리지는 않았는지

다그치고 힐난하듯

그것 보라는 듯 그럴 줄 알았다는 듯

웃기시 말라는 듯

보쿄그~은 보쿄그~은 장닭이 운다

---

* 유치환의 「예루살렘의 닭」 한 부분 변용.

부처를 거래하다

인도 녹야원 입구에서
손바닥 만한 불상을 파는 아이
까만 얼굴에 큰 눈과 잇바디 하얀빛이 서글펐다

불상은 흙으로 빚었는데 얼핏 골동품 같기도 하고
아니겠지만
손으로 빚은 듯 섬세했다

아이는 불상 하나를 내밀며 5달러를 달라는데
가이드가 눈짓을 한다
비싸다는 것이다

세상에 에누리 없는 장사 어딨어
3달러? 노 4달러! 3달러

아이는 3달러를 고수하다

우리 일행이 출발을 서두르자 2달러까지 내려갔다

옳다 싶어 안 사겠다고 슬몃 돌아서니 1달러에 주겠단다

불상을 건네주면서 아이는 나를 불쌍히 여기지 않겠다는 듯

진언처럼 노 프라브럼 노 프라브럼 외쳤다

제 눈에 든 내 눈부처를 몇 푼이나 쳐줄지

아이는 부처같이 웃었으나

십 년이 지나도 그 웃음 명치끝에 걸려 오래 아프다

분수

물은 아래로 흐르는 법이라고
솟구치는 분수는 분수를 모른다고 하겠지만

안다 분수도
알기 때문에 이렇게 몸부림을 치는 것이다

힘껏 하늘 향해 치솟아보지만
설계된 높이에서 다시 주저앉아야 한다는 것을

허공이나 주무르다 가는 분수의 생에선
흔적도 족적도 남길 수 없다는 것을

안다 분수는
그러나

맞바람에 온 힘으로 부딪쳐

장렬히 부서지지 말라는 법은 없다

이윽고 투명해진 물의 세포
맑아진 물의 뼛가루 가루에
무지개 하나 걸어보는 꿈마저 꾸지 말라는 법은 없다

그리고
누군가 전원을 내리면
분수는 다시 가장 낮은 곳으로 돌아갈 것이다

분수는 분수를 안다

만복사미륵불친견기

내가 사는 남원의 만복사지에는 보물이 여럿 있는데요 그 가운데 불상이 놓여있었다는 석좌가 하나 있지요

석불이었는지 금불이었는지 목불이었는지 언제 어느 날 있었는지 사라졌는지 알 수가 없는데요 보물이라니오 있었는지도 모르고 불상은 있지도 않은데 희한한 보물도 있지 그저 육각형의 돌덩어리일 뿐인데

엄마 손 잡고 산책 나온 듯싶은 아이 하나가 기를 쓰고 올라가 앉으니 하, 거기 문득 생불이
생불이 한 분 계시는 것이었어요

왜 저 돌이 보물인지 번뜩 깨달았지요 깔깔 웃으며 장난스럽게 표정을 짓고 손으로 브이 자를 그려 보이는 저 아이가 56억 7천만 년 만에 오신다는 미륵부처님이신가 아니라 해도 오신다면 저 모습이겠구나 생각하는데

안 된다며 어서 내려오라고 위험하다고 성화를 부리는 엄마나 그동안 보물을 돌덩이로만 알았던 나는 부처되기엔 일찌감치 글렀다 싶었지요

아이가 내려온 자리 새가 한 마리 와서 앉기도 하고 만복사 뒤편 기린산 나무 그림자가 앉아보기도 하고 구름도 바람도 앉아 부처 연습을 하는데요

그래서 세상 두두물물이 다 부처 아닌 것 없다는 말씀도 떠올려보며 우두커니 나는 마냥 우두커니 서서 어두워져도 좋았겠지요

청개구리

겨우 잠들었는데

창밖 감나무 근처에서 청개구리 몇 마리 오지게 운다

플래시 찾아들고 그놈들 찾아보았으나 허탕이다

인기척 느껴지면 울음을 멈추니

용빼는 재주 없다

잠자리에 누우면 다시 곡소리를 낸다

어머니 냇가에 묻고

비가 내리면 묫자리 떠내려갈까 봐 운다는 청개구리

한사코 거꾸로 가고

하 많은 가슴에 못 박은 죄 어찌 너뿐이랴

청개구리 곡소리에 잠 못 이룬다

내 살아온 꼴 행여 다 아셨다면

나에게도

당신을 냇가에 묻어달라 하셨으리

문죄하듯 청개구리 운다

내 저렇듯 목청껏 울었던 적이 언제였나

돌아온 주말에는 산소에 다녀와야겠다

어떤 법문

이 나이에 몸에 병이 오면 그 병으로 죽어야지 하시며
 병원 치료를 거부하신 장인이 큰스님처럼이나 높아 보였는데

그래도 개똥쑥이 좋다고 구해오라 하셔서는
손수 물에 우려 환부를 매일 적셔주고
상황버섯이 좋다며 우려내어 마시곤 하였다

워낙 통증이 심하여
강력한 마약성 진통 패치를 붙이고
드시지 못하여 피골이 상접해 있는데도 면도하는 것을 잊지 않으셨다

병원치료도 거부하고 그 병으로 가시겠다 해놓고
무슨 개똥쑥이며 상황버섯이란 말인가
면도는 뉘 보라고 하는 것인가 알다가도 모를 일인데

당신은 죽어가고 있는 것이 아니라

다만 살아가고 있을 뿐이구나 하는 생각에 이르러

나는 사미승이라도 된 것처럼 문득 숙연해졌다

나도 죽는 날까지는 살아야겠다는 생각을 하기도 하였다

헌화가 이후

진달래 몇 가지 꺾어다가
웬 여자에게 건네주었다면
그걸 받은 그 웬 여자가 수로부인은 아닐지라도
왜 수로부인이 아니겠느냐

건네주지 않았다 해도
꽃이 건너가지 않았겠느냐
건너가지 않았다 해도
꽃을 건네받지 않았겠느냐

건네주었다면
꽃만 건너갔겠느냐
꽃만 건네받았겠느냐

눈이 마주쳐
눈빛이 마주쳐
설령 마주치지 않았다 해도
마주치지 않았겠느냐

번개가 일고 그 순간

꽃을 든 여자는 뒤돌아보지도 않고

달려가 버리고 바람결에

꽃잎은 흩어져

불붙은 빗자루를 끌고 가듯

여자가 사라진 곳에

천지에 진달래불꽃 옮겨붙었겠다

그 불길에 휩싸여 한 사내 뒤따르며

다시는 꽃밭에 들지 않겠노라, 꽃 꺾지 않겠노라

꺾어도 건네주지 않겠노라 다짐

다짐하면서 꿈에서 깨어나는

그래도 꽃꿈

그래서 봄꿈

허공의 정신

둔황의 막고굴에서 들었다
서양의 도굴꾼들이 벽화를 뜯어가고
남은 벽화를 정으로 쪼고 불로 그슬러 버렸단다
가져간 벽화의 희소성을 위해서라고 한다

여기 허공이 있다
세상에서 가장 값진 벽화가 그려져 있었을지도 모를 허공이다
그러나 지금 아무것도 없다
얼마나 값진 그림이었길래
남은 것 한 조각 없다

마지막 남은 것 하나가 가장 희소하다면
아무것도 없는 것은 그보다 희소하지 않은가
그가 가장 값진 것이 아니겠는가

구름이 다만 지나갈 뿐
새가 날아올라도 곧 지나갈 뿐

눈도 비도
풍선 하나도 붙잡아 두지 않는다
내려놓는다
날려 보내 버린다

여기 허공이 있다
피라미드를 세울 수도 있고
달에까지 닿는 엘리베이디를 세울 수도 있고
그리운 사람의 모습을 가득 그려볼 수도 있다
그러나 허공은 다 내려놓는다

모든 것이 허공 아래에 있다
허공만이 유일하여서
희소하기로 말하면 이를 이길 자가 없으니
천년을 더 산 나무도 종일
허공을 향하여 경배하지 않느냐
종내는 모두 허공이 되지 않느냐

근황

산이 좋아 산 아래 이사 왔더니
산봉우리가 보이지 않아요

멀리 있어야 더 잘 보이는 게 있다는 것을 알았지요
그대가 그러하듯이

겨울에 바람을 막아줄 거라 생각하면서
산 아래 바짝 집을 지었지요
덕분에 산에 가려 일찍이 해가 져서 그늘이 많아요

화초도 채소도 잘 자라지 않아요
불타는 석양을 볼 꿈은 꿀 수도 없어요
하마터면 좋은 시를 쓸 뻔했지요

전원생활이라고요?
모기떼는 어쩌고요

가끔씩 나타나 질겁하게 만드는 지네는, 뱀은

덕분에 사는 법 한 가지는 알려줄 수 있어요
비결 같은 거지요
그늘로 햇볕을 대신하는 일종의 연금술 같은 거요

짖어대는 물까치를 이길 수 없는 내가 얼마나 하찮은가 인정하면서
애써 가꾼 블루베리를 새가 몇 개는 남겨놓은 것에 감사하며

그냥 살아요
견디며, 애써 좋아해야 할 이유를 찾으며

나 잘 살고 있어요

두 나무 사이에 바위가 있어

커다란 바위가

이 나무 저 나무 사이를 나누어 놓았는데

어라, 바위 아래로 굵은 뿌리가 서로를 향해 뻗어가는 것이 환히 드러나 보인다

바위 아래에선 지들끼리 손을 잡고 꼼지락거리는 통에

바위는 엉덩이가 간지러웠겠으나

아무 말도 못하고 짐짓 딴청이다

이 나무 저 나무는 바위가 아니었다면 어찌 서로가 살뜰히 그리워나 했겠나 싶어

발부리로 바위를 살짝 들어올려

바위가 놀라 굴러떨어지지 않을 만큼만 흔들어 그네를 태워주고 있는 것인데

그걸 모르면 바위가 아니지

그 고소함을 차마 내색은 못하고

바위는 이끼로 표정을 감추고 아닌 척하는 것이라

바위는 아무튼 이 나무 저 나무 사이를 꾸욱 눌러앉아 있는

것인데

   새는 이 나무 저 나무 사이를 옮겨 앉으며

   늙은 바위가 귀가 먹어 어찌 듣겠냐 싶었던지

   두 나무의 연애편지를 또 소리 내어 읽는 것이라

   바위는 또 표정을 바꿀 수 없어 그렇게 몇십 년을 잠자는 척하는 거라

   그 모습이 우스워서

   이 나무 저 나무는 또 웃다가 꽃을 몇 개 떨구기도 하고

즐거운 사기꾼

로즈밸리 하루 여행을 마치고

숙소로 돌아오는 길

버스를 기다리는데

버스는 오지 않고 언제 올지도 몰라

좀 걷자 하는데

허름한 노인이 다 낡은 당나귀 수레에 태워주겠단다

탔더니 1인당 8달러를 내란다

3달러까지 깎아서 좋아라

당나귀 엉덩이 말라붙은 똥냄새 맡으며 가는데

당신네들 운이 좋단다

이 수레를 만났으니 망정이지

낯선 길에 강도도 만날 수 있고

곳곳에 소매치기 사기꾼들 널려있단다

사진도 찍어주면서 찍혀주면서

시골풍경 만끽하라고 느릿느릿

비포장 길만 골라 덜컹대면서 간다

노을이 타올라 당나귀 콧김까지 붉었다

아내와 딸아이가 잘 익은 사과빛으로 출렁였다

가다 보니 우리가 탔어야 할 버스가 저만치 쌩 달려 간다

숙소에 돌아와 자랑하였더니

그 사기꾼 노인네 버스기사보다 수입이 좋단다

다시 그곳에 간다면

5달러를 더 주고라도

더 한번 그 늙은 당나귀 수레를 타고 말겠다

두 여자
— 팬티와 빤쓰

전라선 하행 플랫폼

젊은 팬티가 나이 든 빤쓰 배웅을 나왔나 보다

—아야, 느그 올케가 사다 준 난닝구 세트

너 갖다 입어라

내 죽을 때까지 입어도 다 못 입는다

엄마, 지난번 준 팬티 세트 나 입음서나 얼마나 쪽팔린 줄 알아

입을 때마다 할매가 된 기분이여

버릴 수도 없고

요즘 젊은 사람들은 팬티도 다 패션이여

—애야, 속 빤쓰를 누가 본다고,

어따가 벗고 보여줄 일 있냐

왜 없어 목욕탕에서도 벗고 집에서는 안 벗간디

―너는 좋겄다 벗을 일 많아서

그러면 뒷집 할매랑 나눠 입어

―옘병한다 그 할망구 엊그저께 메느리가 사온 케크도 즈그들만 묵드만
걱정 말아라 빤쓰고 난닝구고 우리집 누렁이허고 나놔 입을란다
갸도 늙어서 어따가 벗을 일도 없을 테니

열차에 오르는 할매와 돌아서는 딸
웃는 듯 마는 듯 눈가가 젖어 있다

그도 나처럼

심고 가꾸고 꽃을 좋아하는 내가
꽃이 많이 핀 집을 지날 때면
그 꽃을 심고 가꾼 사람이 궁금해진다

그도 나처럼
눈물이 많고 가끔 거짓말을 하고
때론 돈이 많았으면 하는 생각도 하고
가끔 예쁜 여자 생각도 하고
야한 영화를 찾아보기도 하며
전봇대 옆에 침을 뱉기도 하고
아는 것도 없으면서 괜히 알고나 있는 것처럼 으스대기도 하며
남 흉도 보고 욕도 할 것이다

꽃이 많이 핀 집 앞을 지날 때면
꽃을 하나도 가꾸지 않은 사람과 조금도 다르지 않은

그 사람을 떠올리며

꽃에 기대어 조금은 아름답고 싶은 그가
나와 함께 한없이
가엾기도 하고 턱없이 눈물겹기도 하여
오래 발길을 멈추곤 하는 것이다

물방울의 크기

나뭇가지에서 떨어진 물방울 잔파도에
연못가 풀잎이 흔들린다

잔뿌리가 가려웠던지
늦잠에서 깬 감나무 후딱 새잎을 피운다

멀리서 보고 있던 목련나무
서둘러 꽃을 매다는 통에

늦었다 싶었던지 동쪽 하늘에선 보름달이 솟는다

물방울의 크기는
보름달이 비추는 그 아스라한 거리 거기까지

누가 서럽게 울고 있나 보다
바람 몹시 불어서 이 밤도 유성은 무수히 떨어지겠다

3부

비보호좌회전

알아서 가라는 뜻일 게다

보호해주지 않을 테니
책임지지 않을 테니
니 인생 니가 알아서 살라는 뜻

겁박이거나 책임회피거나
시험의 기미가 농후하다

이 땅에서 왼쪽은 언제나 위험한 곳
숟가락을 왼손으로 잡아들면 대가리부터 쥐어박혔다

반대차선에서 멀리 한 대 다가오는데 망설이자니
뒤차가 경적을 울려댄다

이건 자율의 뜻이라고

직진신호에도 좌회전할 수 있으니 허용의 뜻이라고
왜 매사 못 믿고 주저하느냐 한말씀하시는 것 같다

자율과 허용이 갖고 있는 몇 개의 함정을 나는 안다
직진신호에서 좌회전하다가 골로 간 사람 더러 있다

노조에 가입했다가 나는 좌빨 소리도 들었고
짤릴 뻔도 하였으니
외야의 좌익수마저도 불안해 보인다

어쩌다가 블랙리스트에 올라간 뒤로
저 애매한 시그널 앞에서
겁 많은 이 작자는 잠시 자기검열 중이시다

수컷에 대하여

암컷이 새끼를 품고 있는 둥지에 천적이 다가가면
발을 쩔룩거리며 날부터 잡아잡수
둥지 멀리 천적을 유인하는 수컷 새가 있다 한다

천적의 눈에 암컷보다 먼저 띄게 하려고
수컷은 깃털이 화려하게 진화했다고도 한다

아비는 또 지아비는 그렇게도 하는 모양이다
그래야 한다면
기꺼이 수컷이 되리라 다짐해보기도 하는데

나는 화려한 깃털이 없어서
비바람 막아줄 용빼는 재주가 없어서
둥지를 친친 감아드는 뱀꿈만 자주 꾼다

다용도실 천장에서 비가 새서 지붕에 올라갔다가

아래를 내려다보니 아뜩하다

그 위태한 높이에서 아비는 지아비는 수컷이고 싶은데
도무지 어디서 새는지 모르겠고
더구나 천적이 무엇인지 누구인지 분간도 안 되는 푼수라

그래도 비는 새는데

냅두고 내려와 밥이나 먹으란다

어슬렁, 새의 입장에서

매화가 핀 가지에
직박구리가 며칠째 날아와 앉는다
괜히 나뭇가지를 쪼아보고 꽃 사이를 건너다닌다

저기에 뭐 먹을 게 있다고 날아와
꽃잎만 상할 텐데
나는 조바심으로 마음을 바장인다

볕이 좋아 앞마당 뒷마당으로 어슬렁거리는데
직박구리가 고개를 갸웃거리며
한 번씩 찌구락째구락 뭐라고 조잘거린다

아마 새도 나에게 그럴 것이다
거기 무슨 먹을 것이나 있다고
옮기는 발걸음에 갓 깨어난 풀벌레나 밟을 텐데

내가 이 봄볕을 어쩔 수 없는 것처럼

새도 피는 꽃에 하릴없어 어슬렁거리는 건지 모르겠다

누가 시킨 일이랴 더러

스스로도 어쩔 수 없는 일이 세상을 밀고 간다

새의 입장을 헤아리고 나니

심술궂게 부는 바람도

때 없이 찾아와 가슴을 후비는 옛 사람도

그러겠거니 한다

새는 날아가고

앞산 머리에 걸린 구름도 흩어지고

그렇게들 왔다가 간다

수염을 깎지 않은 시인 복 씨의 변명

퇴직을 앞두고 맨 처음 한 일은

수염을 깎지 않은 일

기른다 말하지만 실은 자라도록 냅두는 것

무위가 작위로 번역되는 이 역설 앞에선 변명이 필요하다

때아닌 수염은 나에게 8할 너머 위장술이다

결핍과 오점을 덮는 방식이다

위장술은 가상의 포식자를 염두에 둔다

힘 빠지고 맥 빠진 노구를 무장할 고급 승용차이거나

그럴싸한 전원주택은 언감생심

은행에 맡겨놓은 사설금고나 장기보유 우량종목 주식은

들어본 바도 없고 생김새도 모른다

치렁치렁 목에 걸 황금 사슬도 없어

공맹이니 라캉이니 들뢰즈니 인용하거나 편들어줄 배경도

없어

  깡통소리 요란한 연륜에 덮어주는 추레한 위장막

  이제 직위도 작위도 없이 초원으로 내려가야 하는 시간

  넌 가짜야 하면서 포식자가 이빨을 빛낼 때

  두려움을 보이면 진다

  표정을 감출 천연 위장막으로 이보다 좋을 게 없다

  혹자는 수염 덥수룩한 이를 두고 멋있다 말한다

  속았을까

  지독하게 속이면 내가 속는다*지금은

  너와 나의 미소마저 조심하며 야생으로 돌아갈 시간

* 김수영.

시민 K

양파가 뿔 같은 새싹을 내밀고 있다

제가 저를 빠져나가는 중

한 생이 한 생에 맞물려

한쪽은 물크러져 벌써 시취가 난다

살기 위해 죽을힘을 써야 하는

붉은 양파망

출구이고 입구인

결국 출구도 입구도 아닌 조여진 구멍이 하나

빠져나왔다 싶은데

기껏 뚫고 나온 한쪽은 발 디딜 곳 없다

아래 아래층 어디에선가

나가 뒈져버려 악다구니 소리

쾅 문 닫히는 소리

죽어서도 양파는 양파

다시 태어나도 양파는 어쩌자고 또 양파

단풍나무 그늘 아래에선

담뱃불 하나 늦도록 금연구역을 맴돌고

파랗게 질린 양파싹이 웅크리는 밤이다

술 깰 무렵

―속은 풀었느냐
오랫동안 소식 없던 친구에게 문자가 온다

외로움은 사치라고
혼자 왔다 혼자 가는 거라고
더 외로워질 날밖에 남지 않은 나이에
감상에 젖지 말자고 다짐하며 지내오는데

술에 젖었다 하면 병이 도져
어디엔가 대고 전화질을 했던 모양이다

통화기록을 보니 물경 네 놈과 통화를 했다
그립다 보고 싶다 말했단다
내 사는 지리산 구룡계곡 단풍 좋으니
이번 가을엔 한번 다녀가라 했단다

변방에서 초라하게 낡아가는 꼴 보이기 싫어

애써 눌러 온 사치스런 감상들을 창고 대방출했던 모양

미안하다고

사랑한다고

울먹이기도 하고

디립다 거친 욕도 했다는데

애써 다시 전화하여 확인할 일은 또 뭔가

술 좋다

아무 기억도 없다

술이 깰 무렵이면 통화기록을 보지 않기로 한다

오늘도 다짐한다

외롭지 말자

그립지 말자

더더욱 사랑하지는 말자

다시 입춘 무렵

언젠가부터 춥지 않은 겨울

그 끄트머리

봄비인지 겨울비인지 가랑비 오는데

실내에 들여놓았던 화분 몇

빗속에 내놓으니

푸른 빛

어쩌자고 또 내 안에도 푸른 빛

찾아오는 사람 없고

찾아갈 사람 없는 이즈음

앞으론 더 하겠지

더 가야 하나

더 해야 하나

바장이는 마음 앉혀놓고

목련가지 맺힌 빗방울

오래 지켜본다

안 보였던 것들이 보이는 즈음

건넛집 양철 지붕 가만히

가만히 내리는 빗소리 오래 듣는다

안 들리던 것들이 새삼 들리는 이즈음

모나리자를 의심하다

속을 들키지 않기 위해
웃기도 한다

웃음은 독한 위장술이어서
눈 뜨고
저도 나도 속는다

치욕이나 상처가 웃음의 발화점이기도 하여
어떤 웃음은 울음보다 아프다

웃음을 그렸을까
울음을 그렸을까

꽃을 의심하는 습관이 있다
꽃은 꽃이고 싶었을까
사과는 사과꽃의 눈물인지도 모른다

신은 웃음을 만들었겠으나

웃고 있는 신을 본 적이 없다

웃을 일이 없었을 것이다

그건 그렇고, 신은 어디 가셨지?

어떤 베짱

시든 백일홍 줄기 아래
노래로 한낮을 달구던 베짱이 한 마리 죽어 간다

벌써 개미들이 줄지어 조문을 한다
건드리니 꿈, 틀한다

그렇지 꿈틀, 꿈의 틀이었지
왜 없었으랴 노래가 업이었으니
꿈인들 왜 없었으랴

한여름 놀기만 한다고 누명 씌우던 우화는 우화

그 여름 한낮
노래였을까 울음이었을까
울음이었다 해도 뜨거웠으니 됐다

베짱이에겐 겨울이 없다

꿈꾸는 자는 따로 돌아갈 길을 두지 않는다는 듯

한때는 태양의 악기였던 제 몸마저

분신공양分身供養하는 저 배짱

코에 대한 몽상

나는 금화 몇 닢을 땅에 심어놓고 물을 주는 몽상가

혹은 망상가

난 거짓말을 해

하지만 몽상가에겐 거짓도 사실인걸

키가 자라지는 않지만

코가 자라지

죽지 않은 것만으로 살아있다고 할 수는 없어서

거짓말을 하지 시를 쓰지

쓰면 쓸수록 코가 자라나

날이 밝으면 거짓을 뉘우치는 거짓의 시를 쓰지

시를 쓰면 다시 코가 짧아지지

나도 사람이 되고 싶어

인간이 되고 싶어

사람들은 착하고 열심히 공부하면 인간이 된다고 말하지

왜 그들은 그 거짓말 때문에 코가 자라지 않는 걸까

나도 공부도 하고 착한 일도 하려 했지만

그럴수록 내 코만 자라났어

그래 나는 아주 나쁜 놈이며 게으르고 말썽만 피우는 망나니

반성문 같은 시를 써

나는 망상가

코가 더 자라지 않고 더 줄어들지 않는

그 중간지점을 알아버린 망나니

내가 목각인형이었던 나를 바라보는 슬픈 인간의 날은 올까

제페토인지 주피터인지 세우스인시 시서스인시

나를 만든 목수를 내가 부양해야 하는

이 장난감의 나라에서

훨훨

나비 날개를 손으로 잡으면 가루가 묻어나

나비가 가루의 총체라는 뜻

나비가 날 수 있는 것도

나비가 가루이기 때문이지

꽃가루를 온몸에 바르고

꽃에서 왔음을 입증하려는 것 봐

꽃이 가루로 되어있음을 말하려 하는 거지

부서져 내린 나비는 나비로 돌아가려 하지 않아

나비는 몽땅 가루가 되어버려

죽은 나비가 날 수 있는 것도 그 때문

가루가 다 나비가 되진 않지만

모든 나비는 다 가루로 되어 있어

그래서 세상엔 나비 아닌 것은 없지

가루로 뭉쳐진 내가 머나먼 나비성운까지
무거운 영혼 따윈 가루이신 신에게 맡겨두고

훨
훨

훨 훨

지옥도

여름 내내 밖에 내놓았던 화분 속에

개미가 집을 지었나 보다

겨울이 되어 거실에 들여놓았더니 개미가 기어 나온다

나는 어느 시인처럼*

개미를 쓸어 밖으로 보내주지 못했다

손끝으로 눌러 죽였다

내가 개미에게 그러하듯이

누가 나를 눌러 짓이겨 죽인다면 하고

그런 생각을 안 해본 것은 아니지만

재빨리 어쩔 수 없다는 변명부터 떠올린다

아우슈비츠 집행관도 그랬을 것이다

내가 관세음보살 하듯이

스위치를 누르기 전에 성호를 그었을지도 모른다

개미가 나를 문 적도 없고 아직

음식물을 집적댄 적도 없다 하지만

나는 죽여야 하는 이유를 찾으며

가령,

전기 콘센트에 들어가 합선을 일으킬 가능성도 없지 않다

음식물을 오염시켜 식중독을 일으킬지 누가 아는가

개미의 페로몬이 신경계를 교란시킬지 아직 모른다

겨울이 갔다 다시

따뜻해진 마당으로 화분을 내놓는다

봄이 되었으니 오늘은 화사한 넥타이를 매고 출근해야겠다

* 백석 「수라」

가시복

페이스북 친구를 맺은
중학 시절 옛 동창에게서 전화가 왔다

오래전 정치에 입문하여 지금도 중요한 위치에 있고
미국에서 큰 사업도 하고 있어 어깨에 힘을 주어도 괜찮을 사람이다
그래서 전화를 받는 내 어깨엔 힘이 들어가지 않았다

승진은 했느냐부터 묻더니
내가 시를 쓴다는 걸 어떻게 알았는지 시인이라는 게 사실이냐 묻는다

중고등학교 교과서에 시가 몇 편 실리고
무슨 무슨 문학상도 탔으며 시집을 여러 권 냈노라고
니가 사는 미국에 강연하러 다녀온 적도 있노라고
애써 어깨를 추슬러 올리며 나는 말했다

거실에서 듣고 있던 아내가 누구길래 그렇게 거창하게 자기소개를 하느냐 묻는다
화로를 뒤집어쓴 듯 얼굴이 뜨거웠다
아내에게 비친 내 모습이 그랬을 것이다
천적 앞에서 제 몸을 빵빵하게 부풀려 가시를 세우는 가시복
딱 내가 그 정도다

잘나가는 친구라서 초라하게 보이지 않으려 좀 거하게 소개했노라고 얼버무렸다
아내는 "잘했네." 하고 말을 받는다
그 말의 진의를 생각하느라 오래 잠을 못 이루었다

아내 말이 맞다 잘했다
승진 안 한 것도 잘했고 알량한 제 자랑도 잘했다
그 친구도 전화기 저쪽에서 안도하며 웃었을 것이다

종달 終達*

며칠 묵어가네

끝이라 했으니

그 끝에 이르렀음에 난 하염없었네

끝은 시작으로 이어지고 끝은 없었네 없으니

어디에 이른단 말인가

수국이 길을 이루었네

이 아름다운 길도 종내는 무덤에 이어지고

길 밖은 또 수국, 바다였네

왔던 곳일까

갈 곳일까

종달에 방을 얻었네

며칠 묵을 무덤을 임대한 셈이지

끝이라 하였으니 유서를 쓰기 좋은 곳

숙소 앞 호밀밭 귀퉁이엔 웬 닭장

새벽이면 닭울음이 내 주검을 흔들어 깨워

하루에도 몇 번씩 윤회의 바퀴를 타네

검은 현무암 돌담처럼 경계가 뭉개진 종달리는

시 쓰기 좋은 곳

이번 생은 무효라고 쓰네

시도 유서도 바람이 금방 지워주는 바닷가

세상에 그런 이름이 있었네

* 제주도 구좌읍 종달리. 수국이 아름답게 피는 길이 있다.

아홉수

몇 번 써 먹어보지도 못하고 만료된 10년짜리 여권

오만 삼천 원 주고 재발급받았다

여권 사진 새로 찍었다

생긴 것보다 잘 나와서 영정사진으로 써도 좋겠다 싶어

가족 카톡에 보냈다

딸아이 쓸데없는 일 한다고 뭐라고 해도

사람 일 어찌 알겠는가

당분간 필요 없으면 좋을 일이로되

급할 땐 잘했다 싶을 것이다

옛 어르신들 수의를 미리 지어놓고

관을 미리 짜 매달아 놓은 것도 다 뜻이 있어서다

나도 그리 일찍 가고 싶지는 않다

그러나 그것도 모르는 일

가고 싶던 스페인을 가게 될지

가까운 이웃 나라를 가게 될지

아니면 돌아오지 못할 먼먼 나라를 가게 될지

여권은 없어도 사진은 필요할 게다

아홉을 몇 번이나 헤아릴 수 있을지

아무도 모를 일

오늘 여권 사진을 찍었다

그러고 보니 우리 처음이네요

문틈에 끼여 발톱 하나가 빠졌습니다

빠진 발톱은 버렸지요

빠진 발톱도 나를 버렸고요

난 버려졌습니다

시간이 지나고

울퉁불퉁 못생긴 발톱 하나가 새로 돋았지요

발톱에게도 내가 하나 새로 돋았겠지요

우린 처음처럼

처음 만났습니다

내가 내게서 통째로 빠져

버리고 나면

버려진 나에게서 새로 돋아나는 나는 또

어떻게 생겼을지 궁금

해지는 날이

그런 날이 있습니다

4부

오후 여섯 시 사십 분

갈고리나비야

알려주고 싶은데

귀를 빌려주는 이가 없다

나만 외로워 말하지 않기로 한다

우체부가 다녀가고 시집 몇 권이 온다

시집 보내는 마음으로 보냈을 것이다

낮에는 문자 몇 개가 왔다

알고 보면 별 내용 없다

내가 그랬듯이 말이다

그러나 더 알고 보면

다 제 갈 길 가고 있다는 뜻

나 여기 살아 있다고 외롭다고 외치는 소리

그들도 우체부를 기다리고

갈고리나비라고 말해주고 싶은

나비 몇 마리가 다녀갔을지 모른다

우는 새소리에도 맞아 뺨이 아플 때가 있다

더 아프기 위해

해 지는 쪽으로 귀를 오래 열어두는 저녁 무렵이다

오래된 편지

바위야, 부르면

대답 대신 바위는 푸른 이끼 몇 뼘을 보여 준다

나에게 내가 따르는 술처럼

대답은 없어도

부르는 소리는 바위를 바위로 둔다

하늘도 구름도 네가 아닌 것이 없어

너는 한껏 멀리 있어도

바위는 이끼는

이 외로움에 대한 한 답이 아니랴

하늘에 구름처럼 사무치게 한통속이 아니랴

편지를 써본 지 오래다

그렇다고 네가

보내준 꽃씨 봉투를 잊고 있는 것은 아니다

바위 위에 씨를 뿌려 싹틀 일은 아니나

바위가 삭기를 기다려

씨앗을 잊지 않고

오래 편지지를 매만지며

가만히

바위야, 불러보는 저녁이 있다

분실물

외투를 벗어놓고 앉았다 왔는데
몸만 가지고 온 적이 있다

여기에 왔다는 증거는 여기밖에 없다
다른 곳에 태어났어도

개는 개였을까 나는,
누가 잃어버린 분실물일까

개가 짖어 무서웠는데 같이 짖어줄까 생각하다가
내가 개가 아닌 것을 알고서 서러웠다
운명에게 복수하고 싶은데 참아야 하는 것도 운명이다

파출소에서 전화가 와서 외투를 찾으러 갔다
외투에 지갑을 넣어둔 게 다행이다
집문서를 넣어두었더라면 기쁨이 더했을까

지갑 속의 현금이 없어졌으나

경찰에게 혐의를 씌우는 것 같아 아무 말도 못하고 감사하다고 하였다

가져간 박카스를 주고 왔다

난 참 착하다

친구는 그걸 미련하다는 말로 풀었다

다시 여기 올 수 있을까

어느 날은 외투만 가지고 오고

몸은 오지 않은 날도 있을 것이다

바람을 위한 연가

네가 아니기를
저 앞에 오는 사람이
아니기를

부디 아니기를
내일 또 내일 어느 날에 딱 한 번만이라도
스쳐 가는 네가
네가 아니기를

서로를 알아보더라도
모르는 사이처럼, 모르는 사이였으므로
그냥 스쳐 가기를

사랑하였노라 말하는 일은 없기를
사랑한 적 없었으므로, 사랑한 적 없는 것처럼
무사히 건너가기를

30년 뒤에 저 앞에서 오는 사람이 부디

네가 아니기를

백 년 뒤에라도

딱 한 번만이라도

부디 네가 아니기를

어세 또 어세 그 어느 날에

내 곁을 스쳐 간 사람이

네가 아니었기를

없었던 것처럼, 없었으므로 네가

부디

아니기를

환상적 탁족

한여름 염천을 피해
지리산 뱀사골 계곡에 발을 담갔다

물에 잠긴 발을 사진 찍어 페이스북에 올렸더니
고사탁족도高士濯足圖*쯤으로 보셨을까
이동순 시인께서 '환상적 탁족'이라 댓글을 달았다

기쁨의 상한선을 탁족에 두셨다니
시인이 누릴 수 있는 환상이 거기까지라는 듯
거기를 벗어나면 환상이 아닐 수 있다는
갓끈을 씻거나 발을 씻거나
그 어름까지가 시인이라는 뜻이었을까

탁족이 환상이라 생각하니
탁주 한 잔 마시거나
멀리서 안부 문자만 와도 환상 아닌 게 없어

내 무슨 시인이나 된 듯

고매한 선비나 된 듯

이 가난한 피서가 기껍다

살다 보면 탁족보다 더 큰 낙이 없지는 않을 터

그때 느꺼울 환상을 미리 근심하다

* 낙파駱坡 이경윤(李慶胤:1545~1611).

맹탕

차를 마시려 물을 끓인다
어떤 차를 우릴까 고민하다가
물만 마시기로 한다

아무것도 넣지 않은
맹탕
아무 맛도 아니어서
다만 맹물 맛이어서

맹수 같이 울부짖고
맹목적으로 길길이 뛰기도 하였으나
끓고 난 뒤에도
끓기 전에도 맹탕은 맹탕

술 이전의 술
술 이후의 술

그 무엇도 될 수 있는 맨 처음의

무엇도 아니어서 맨 마지막의

그 맨 마지막을 가불 받아

다시 첫 나에게 건배를 청해 본다

이를테면 내가 나에게 올리는 헌주玄酒 같은 것

자 원샷

나의 직업

앵두가 탐스럽게 익었노라

블루베리가 보랏빛으로 영글어 가고 있노라

백합이 피고

산수국이 피고 있노라 말하지만

집 뒤 대나무밭 대뿌리가 마당 쪽으로 파고들어

여기저기 죽순이 돋는다

내 만약 무슨 일이 있어 한 해만 돌보지 않는다면

앵두고 블루베리고 백합이고

대밭으로 변하고 말 것이니

때로 한눈을 팔고 딴짓을 하고

술 마시고 웃기도 한다만

세상엔 내 과실밭과 꽃밭과 구들장을 파고드는

대뿌리가 천지에 얽혀있어

내가 수고로이 일하며 살아야 할 이유가 여기에 있다

겨우겨우 그 기록이 나의 시다

그래서 나의 직업은 시가 못된다*

* 김종삼 「올페」

전등傳燈

눈 덮인 덤불에

찔레가 붉은 등 몇 개

걸어놓은 뜻을

눈이 맑은 노랑턱멧새가

어찌 알고는

며칠 주린 제 뱃속에 모셔두기로 했던 거라

찔레 붉은 등이

제 등피의 도톰하고 따뜻한 불빛을

멧새에게 건네주면

이 아침 새는

화안하고 청량한 법문을

공기 중에 뿌려놓는다

멧새는 찔레 씨앗에 담긴

불씨를 꺼뜨리지 않고

수십 수백 작은 등불을 땅에 심는다

그래, 꺼지지 않는 등이

그렇게 전해져 오는 거라

전해져 가는 거라

지나다

건륭 45년 경자년 팔월 칠 일 삼경

고북구를 빠져나가던 연암은 벼루를 꺼내어

술을 따라 먹을 갈게 한다

—조선 박지원 이곳을 지나다*

다만 지날 뿐

지나갈 뿐

열하일기도 그의 한 생도

이 한 문장

차가운 돌벽에 먹빛 서늘했으리라

때마침 물이 없어 술로 먹을 갈았겠지만

술마저 없었다면 중지라도 깨물었으리

야삼경

어디를 지나는지도 모르는 나는

어디에 어떤 문장을 남기랴

고북을 고독이라 오독하였네

*『열하일기』 야출고북구기夜出古北口記 중에서.

매생잇국을 먹으며

아내가 매생잇국을 끓였다

뜨겁게 끓어도 김이 나지 않아
미운 짓하는 사위에게 끓여준다는 국
무심코 덥석 먹었다간 입천장이 데인단다

아는지라 조금씩 떠서 후후 불어서 먹는다
어떤 연유로 오늘은 매생잇국이냐고 묻지 않는다
농담일지라도 돌아올 비수를 피해보자는 셈
내게 미운털이 어디 한두 개일까

설사 입천장이 데이고 혀가 데이고 목구멍이 데여서
말 한 마디 못하게 된대도 나는
할 말이 없는, 돌아가신 장모님의 사위

아군인 척 맞장구치며 살아도

아내의 마음속엔

고까운 사위 미워하는 장모님이 살아계실지 몰라

나이를 먹으면서 아내는 화를 내도 매생잇국처럼 김이 나지 않는다

무슨 메시지가 있을 듯하여 다소곳이 나는

다소곳이 먹는다

매번의 생을 뜨거운 매생잇국 먹듯 하자

조심 그래

조오심 후~

한산 유감

새우깡 누가 다 먹나 했더니
한산도 오가는 파라다이스호

승객들이 재미로 주는 새우깡에
갈매기들 생업을 포기하고 배 옆구리나 따라다닌다

저러다가 침대는 가구가 아니라고 우기는 것처럼
갈매기의 주식은 새우깡이라고 우기는 날 올지도 모른다

너무 염려 말자 갈매기가 새우깡 먹는대서
하루아침에 세상이 바뀌기야 하겠느냐

한산도 제승당은 놀러가는 곳?
참배하러 가는 곳?

한산도 가는 배에 사람 별로 없다
한산해서 한산돈가 시키지도 않은 깊은 시름 하던 차에

저 냥반 눈 부라리고 아직도 한산섬 지키고 섰는데
때마침 뉴스에선 불가역적으로 위안부 문제를 합의했다고 한다

치욕에 대하여 생각하지 않는 곳이 파라다이스인가
갈매기도 간식을 즐기는 세상

새우깡 너도 하나 먹으라 나도 하나 입에 넣으며
새나 사람이나 종잡을 수 있는 일이 많지 않다

놀러 왔다 참배하고 간다, 참배하러 왔다가 놀고 간다
다른가, 같은가

입에 물고 내미는 새우깡을 새가 채어간다
웃자, 여기는 파라다이스

도대체 소수도 없이 안주만 먹고노
견디는 이 시간이 참 대견도 하여

장례식장 엘리베이터엔 거울이 없었으면 좋겠다

친구가 죽었다

저녁밥 때에 맞추어 조문을 갔다

서두르지 않았다

돼지고기 편육을 새우젓에 찍는데

새우 그 작은 눈이 떠다녔다

밥맛이 좋았지만 차마

한 그릇 더 달라는 말은 하지 않았다

비애가 비계처럼 씹혔다

친구가 아니고 친구 아내가 죽었다면

몇 시간 더 머무르다가 아니

발인까지 지켰을지 모른다

화장실 가는 척 일어서면서도

무료주차권에 스탬프 찍는 걸 챙기는데

영정 속의 친구가 웃는다

삭지 않은 새우젓 새우눈깔 같은

말줄임표 몇 개가 허공을 떠다녔다

장례식장 엘리베이터엔 거울 같은 건 없었으면 좋겠다

당나귀를 들어 올리는 법

토끼를 들어 올릴 때는
두 귀를 한 손에 움켜쥔다
귀가 길어서다

당나귀도 귀가 길다
당나귀를 들어 올릴 때는
두 귀를 한 손에 움켜쥐어서는 안 된다

왜냐면 당나귀는 토끼가 아니기 때문이다
그럼 당나귀는 어떻게 들어 올리느냐
이 중요한 질문을 아무도 하지 않아서
나는 정답을 말하고 싶어서 입이 근질거린다

나는 답을 말해주기로 한다
들어 올릴 필요가 없으면 들어 올리지 않으면 된다
더구나 없는 당나귀를 사서까지 들어 올릴 필요는 없다

귀가 긴 사람을 만나서
귀가 길다는 이유만으로 귀를 잡고 들어 올려보아라
싸다구를 맞을 일이다

토끼를 잡고 들어 올리는 법을 안대서
토끼를 들어 올리라는 법은 없다
토끼를 잡아 요리하는 법을 안다고
귀가 긴 짐승을 다 잡아먹으라는 법이 아니듯

토끼는 귀가 길다
당나귀도 귀가 길다
저기 토끼가 있다 있을 뿐이다
귀가 긴 당나귀와 내가 여기 있을 뿐이다

부자

김부자네 밤나무산이 크냐 우리 논 한 마지기가 크냐

에이, 앞 밤나무산이 얼마나 큰데요

그럼 우리 닷 섬지기 다랑논 당장 가서 보고 오너라

물 가득 벙벙한 우리 논 가운데
앞산이 온전히 들어가 앉아있다
산뿐이랴 하늘이 가득 우리 논에 들어가 있다

우리 논이 앞산보다 큽다다

보아라 뭐랬느냐 내가
그 논에서 나왔고 네가 네 누나가 네 형들이 거기서 나왔느니라

꼬막껍데기 같은 우리집이 크냐

고래등 같은 김부자네 집이 크냐

이제는 묻지 않는

없는 아버지가 그리운 날이 있다

새소리 경연대회

어느 먼 섬나라 사람들이
새장에 새를 가두고 새소리 경연대회를 한다네요
규칙을 정하고 사내들은
규칙에 맞춰 아름답게 우는(울 것 같은) 새에게 베팅을 하고
배당금을 나누기도 하지요
구름을 액자에 가두고 예쁜 구름에 베팅을 하는 것처럼
그 사람들의 풍습이 참 재미있기도 하여
뭣 모르고 웃기도 했지만요
그 새 소리는 노래일까요, 울음일까요
전국노래자랑처럼 한바탕 한 곡조 뽑는 거라면
그거야 나무랄 것도 없겠지만요
새장에 새를 가둬놓고 새소릴 듣겠다고 모인 사람들
왁자지껄 떠들고 내기를 하는데요
사내들이 노름에 빠져 있는 동안
그 섬나라 여인들은 손과 팔에 피를 흘리며
쐐기풀 껍질을 벗겨 사내들이 걸칠 옷감을 짠다는데요
아무튼 그 사이 새는 소리를 냅니다

그래야 모이를 주니까요 새장에 예쁜 커튼도 달아주지요

고개를 갸웃거리며 이리저리 옮겨 앉으며

처연하게 아름다운 새소리를 냅니다

상처를 입은 새소리가 가장 아름답다는데요

울음일까요, 노래일까요

먼 섬나라 얘기인 줄 알았어요

알고 보니 우리나라 서울에도 인천에도 부산에도 아니 방방곡곡

내가 사는 소읍에도 새소리 경연대회가 열려요

못 보았을 뿐, 못 들었을 뿐

아니 어쩌면 못 본 척 외면했을 뿐

사내들이 정한 규칙에 울음을 가둬놓고 베팅하는 경연대회가

쉴 틈도 없이 열리고 있어요

들리지 않나요 저 소리

아닌 척하는 당신,

당신은 어느 울음에 베팅했나요

아니면 혹 당신은 울고 있는 새는 아닌지…….

사랑
— 꽃의 비유

너 자신을 알라고?
그렇게 말한 사람은 그 자신을 알고 죽었을까?

죽어도 나는 나 자신을 알 수 없다
또한 내가 나를 모르는데 내가 넌들 알겠느냐?*

알 수 없는, 나와 나
사이
나와 너 사이에
그래서 꽃이 피는 것이다.

자, 꽃 꺾어 너에게 건넨다
한 송이쯤은 나를 위해 남겨두고

그다음은 내가 알 바 아니다

* 대중가요 한 구절 변용.

범실 복 선생의 다짐

　초겨울 어느 날 아내와 뒷산을 오르다가 만약에 혼자서 산길을 가다가 멧돼지를 만나게 되면 뒤돌아 후닥닥 달아나서는 안 된다고 일러줬다. 대신 멧돼지를 정면으로 주시하면서 서서히 뒷걸음질 쳐서 충분히 거리를 확보하고 난 다음 달아나라고 했다. 나는 멧돼지에 대해 잘 아는 것처럼 진지하게 말했다. 아내는 알았다고 말하는 대신 혼자서는 산에 가지 않겠다고 했다. 그래서 나는 나와 둘이서 갈 때는 내가 있으니 염려 말라고 했다. 백 근이 못 되는 허깨비 같은 내 몸피로 무얼 믿고 그렇게 말했는지 나도 모르겠으나 아내는 뒷말을 하지 않았다. 쉽게 "알았어."라고 대답한 것보다 고맙고 "웃기고 있네."라고 말하지 않아서 더욱 고마웠다. 만약에 멧돼지가 달려든다면 난 기필코 아내를 지키리라고 다짐하면서 산을 다녀왔다. 아직 나지막한 우리 집 뒷산에서 한 번도 멧돼지를 본 적은 없다.

꽃의 속도

주걱모양 조각도처럼 꽃잎이 허공을 조금씩 파고 있다
파인 허공 미세한 가루로 흩어져 날리지만
너무 고와서 나비의 눈을 가리지 않는다
빽빽한 공기가 파여 나가고
빛 조각 분분하다
부서진 빛 가루를 제 몸에 갖다 붙이며 꽃잎이 자란다
조각도가 허공을 파는 소리를 한순간에 몰아놓으면 천둥소리가 날 것이므로
그러면 수많은 벌이 길을 잃을 것이므로
달이 채워지는 속도로
제 몸에 딱 맞는 크기의 허공에 꽃은 꽃을 채워놓는다
저마다 속도를 맞추는 별이 달라서
어떤 꽃은 안드로메다의 별에 제 눈을 맞춰두고 핀다
그리고 다시
잠시 빌렸던 허공을 허공으로 채워놓기 위해
햇빛에게 빌린 것 햇빛에게

어둠에 빚진 것 어둠에게 돌려준다

다녀가는 나비가 발을 헛디디지 않게

그 자리를 메꾸는 소리에 아무도 놀라지 않게

달이 비워지는 속도로

왔던 길 간다

어느 별이 저를 채우고 비우는 딱 그 속도로

종소리의 품 안

종소리를 산 너머로 전하기 위해
산사의 종이 저 홀로 울었던 것은 아니다

도라지꽃 한 송이
돌멩이 하나까지 울었다
산이 온통 함께 울었던 것이다

같이 울 수 있는 거기까지가 품 안이다

종소리를 받아든 내가
지금 아니 울 수 없는 까닭이다

* 해설

안 들리던 것들이 새삼 들리는 이즈음
―복효근의 시세계

유성호(문학평론가·한양대학교 국문과 교수)

1. 고독과 침잠의 시간이 담아낸 언어적 활력

 복효근卜孝根의 신작 시집 『예를 들어 무당거미』(현대시학, 2021)는 등단 30년을 맞은 이 나라의 대표 서정시인이 들려주는 침잠과 충일의 고백록이다. 현직 교사 생활에서 은퇴하여 지리산 자락에 터를 잡고 나서 자연이라는 공간과 이순耳順 즈음의 시간을 갈무리한 이 언어적 결실에서 우리는 실존적 고독의 깊이와 서정의 너른 품을 동시에 만나게 된다. 「시인의 말」에서 복효근은 "지독한 빚쟁이처럼 꿈결에도 나타나곤 했다"고 '시詩'를 향한 불가항력의 동반자적 운명을 고백하고 있거니와, 그의 충실한 독자였던 우리는 이번 시집이 등단 30년이라는 시의적 기념도 산뜻하게 겸하기를 진심으로 소망해본다.
 자연과 삶에 대한 지극한 헌사로 읽히는 이번 시집은 그

동안 펼쳐졌던 복효근 시학의 연장이자 심화의 결실로 다가온다. 말할 것도 없이, 그 세계는 삶의 근원에 존재하는 본원적 가치들을 발견하고 개진해가려는 시인의 남다른 의지에 의해 구축되어간다. 또한 시인은 삶이 불가피하게 가질 수밖에 없는 고독과 침잠의 시간을 선명하게 드러냄으로써 자신이 경험하고 발견한 원초적 세계를 다양한 목소리로 선사한다. 흔치 않은 서정적 집중을 통해 존재의 발원지이자 귀속처로서의 시공간을 탐색해가는 것이다. 이때 복효근 시학은 지성적이고 정서적인 탐구 과정을 담아낸 '시적인 것'의 질서와 사람살이의 구체성에 의해 생성되어 가는데, 그 질서와 구체성은 한결같이 경쾌한 언어적 활력으로 그 모습을 드러낸다. 물론 그 이면에는 고독과 침잠의 시간이 깊이 드리워져 있으니, 이번 시집은 그러한 시간들이 담아낸 언어적 활력에서 더욱 깊이가 느껴지는 심미적 기록인 셈이다.

2. 서정적 존재 전환의 순간을 노래하는 시인

우리가 잘 알듯이, 복효근은 뭇 존재자들의 생성과 소멸 과정 혹은 그것들끼리의 상호의존성이나 순환성에 대해 집중적으로 사유하는 시인이다. 말하자면 피어나고 이울거나, 살고 죽거나, 현상하고 사라져가는 모든 과정은 그의 감각에 밀착되어 포착되고, 그는 그러한 순환적 질서를 삶의 근원적 속성으로 표현해간다. 이는 서정시가 목숨 있는 모든 존재자들을 이성적으로만 그리는 것이 아니라 그 안에 허공처럼 드리워진 실존적 감각으로도 얼마든지 파악할 수 있음을 알려주는 실례일 것이다. 그 점에서 복효근이 들려주는 언어는 서정시가 끊임없이 우리의 현재적 감각과 인식을 탈환하는 언어예술임을 확인해주는 더없는 증거가 되어 준다 할 것이다. 특별히 지리산 아래 집을 짓고 나서 초로初老의 삶을 꾸려가는 그의 서정이 눈부시게 다가오는 다음 작품을 먼저 읽어보자.

능소화는 그 절정에서
제 몸을 던진다

머물렀던 허공을 허공으로 돌려주고
그 너머를 기약하지 않는다

왔다 가는 것에 무슨 주석이냐는 듯
씨앗도 남기지 않는 결벽

알리바이를 아예 두지 않는 결백

떨어진 꽃 몇 개 주워 물항아리에 띄워보지만
그 표정 모독이라는 것 같다
꽃의 데스마스크

폭염의 한낮을 다만 피었다
진다
왔던 길 되짚어가고 싶지 않다는 듯
수직으로 진다

딱 거기까지만이라고 말하는 듯
연명치료 거부하고 지장을 찍듯

그 화인 붉다
   —「능소화가 지는 법」전문

  능소화의 낙법落法을 삶의 보편적 이법으로 비유한 명편이다. 절정에서 제 몸을 던진 능소화는 스스로의 거처였던 허공을 허공으로 돌려주고 정작 자신은 "그 너머"를 기약하지 않은 채 흔연하게 사라져간다. 피고 지는 일은 그저 왔다 가는 것이고 그러한 생애에 특별한 주석은 필요치 않은 게다. 능소화가 보여준 "씨앗도 남기지 않는 결벽" 혹은 "알리바이를 아예 두지 않는 결백"이야말로 가장 고독하고 완벽하게 스스로의 흔적을 지우면서 또 남겨가는 생명의 역리逆理가 아니겠는가. 그렇게 꽃잎은 걸어온 길을 되짚지 않는다는 듯이 폭염 한낮을 관통하여 수직으로 떨어질 뿐이다. 그때 남겨진 붉은 '화인[火印/花印]'이야말로 더없이 간결하게 '지는 법'을 상징하는 표상일 것이다. 이러한 관찰과 표현은 복효근 시학의 바탕이자 기둥이 아닐 수 없는데, 시인은 자연 사물이 "햇빛에게 빌린 것 햇빛에게/ 어둠에 빚진 것 어둠에게 돌려"(「꽃의 속도」)주는 순간을 놓치지 않고, 나아가 그들이 깃들일 저녁이라는 시간을 두고도 "아직 남아있는 햇살과/ 아직 오지 않은 어둠"(「불편하지 않을 정도의 풍경을 위한 메모」)을 헤아리는 섬세한 서정의 사제司祭로 자기 위치를 굳건히 지켜가고 있기 때문이다. '꽃'에서 '새'의 시선으로 옮겨간 다음 작품도 일독에 값하지 않는가.

매화가 핀 가지에
직박구리가 며칠째 날아와 앉는다
괜히 나뭇가지를 쪼아보고 꽃 사이를 건너나닌다

저기에 뭐 먹을 게 있다고 날아와
꽃잎만 상할 텐데
나는 조바심으로 마음을 바장인다

볕이 좋아 앞마당 뒷마당으로 어슬렁거리는데
직박구리가 고개를 갸웃거리며
한 번씩 찌구락째구락 뭐라고 조잘거린다

아마 새도 나에게 그럴 것이다
거기 무슨 먹을 것이나 있다고
옮기는 발걸음에 갓 깨어난 풀벌레나 밟을 텐데

내가 이 봄볕을 어쩔 수 없는 것처럼
새도 피는 꽃에 하릴없어 어슬렁거리는 건지 모르겠다
누가 시킨 일이랴 더러
스스로도 어쩔 수 없는 일이 세상을 밀고 간다

새의 입장을 헤아리고 나니
심술궂게 부는 바람도
때 없이 찾아와 가슴을 후비는 옛 사람도
그러겠거니 한다

새는 날아가고
앞산 머리에 걸린 구름도 흩어지고

그렇게들 왔다가 간다
　　　―「어슬렁, 새의 입장에서」 전문

　매화꽃과 직박구리의 앙상블 역시 신비로운 관찰과 언어를 통해 생생하게 재생된다. 며칠째 날아와 나뭇가지를 쪼면서 꽃 사이를 건너다니는 새를 바라보며 바장이는 '나'의 마음은 인간 경험을 통한 합리적 추론을 대표하는 반응일 것이다. 짧은 거리를 부질없이 작은 걸음으로 왔다 갔다 한다는 뜻의 '바장이다'라는 아름다운 우리말이 그러한 조바심을 잘 보여준다. 어슬렁거리는 시인의 모습에 아랑곳없이 갸웃거리고 조잘대는 직박구리를 바라보면서 시인은 '새의 입장'으로 한번 건너가 본다. 그때 자신도 봄볕에 어찌할 수 없는 것처럼 새도 꽃에 하릴없어 어슬렁거리는 것이라는 상상에 이르게 된다. "스스로도 어쩔 수 없는 일이 세상을 밀고 간다"는 잠언箴言이 그 순간 태어나는데, '새의 입장'을 헤아리고 나서 시인은 세상 모든 일의 자연스러움("그러겠거니")과 함께 그렇게들 왔다 가는 모든 존재자들을 실존적으로 수납하게 될 것이다. 세상은 아직 "피어나지 못한 꽃들이 남아있다는 듯"(「왈칵, 붉은」) 움직여가고 "알 수 없는, 나와 나/ 사이/ 나와 너 사이"(「사랑―꽃의 비유」)를 채워가는 것이 아니겠는가. 이처럼 복효근은 꽃이 지고 새가 움직이는 순간을 통해 현실에서는 불가능한 서정적 존재 전환을 끝없이 상상하면서, 일상적이고 물리적인 현실을 벗어나 전혀 다른 차원으로 순간적 이동을 꾀해가는 시인이다. 그 과정에서 이루어지는 경험들은 시인으로 하여금 자연 사물로 나아갔다가 다시 스스로의 삶으로 회귀하는 관법觀法을 가지게끔 해준다. 결국 복효근은 이러한 서정의 회귀성과 확장성 그리고 서정적 존재 전환의 순간을 하염없는 지극함으로 노래하는 시인인 셈이다.

3. '보이는 것'을 통해 '보이지 않는 것'을 전유해가는 시선

또한 복효근은 삶의 궁극적 의미가 철저하게 가려진 시대에 한편으로 눈부시고 한편으로 어둑하기 짝이 없는 세계를 불러와서 우리로 하여금 새로운 상상적 질서를 경험하게끔 해준다. 이로써 그는 스스로가 고독한 침잠과 명랑한 용기를 황홀하게 변증한 언어의 사원을 향해 걸어가는 시인임을 증명해낸다. 이번 시집은 이러한 속성을 충일하게 담아낸 미학적 성취로서 시인은 주위에서 자연스럽게 만나는 목숨들에서 순간적으로 미美의 근원을 찾아내고 거기서 '시적인 것'의 가능성을 탐색해간다. 거기에는 시인의 시선을 통해 평범한 세목들이 얼마나 구체적이고 아름다운 존재자들로 거듭나는지를 생생하게 보여주는 실례들로 가득하다. 가시적인 것을 통해 비가시적인 것을 전유해가는 시인의 시선이 미덥게 다가오는 순간이 아닐 수 없을 것이다.

무당이라니오
당치 않습니다
한 치 앞이 허공인데 뉘 운명을 내다보고 수리하겠습니까

안 보이는 것은 안 보이는 겁니다
보이는 것도 다가 아니고요

보이지 않는 것에 다들 걸려 넘어지는 걸 보면
분명 보이지 않는다고 없는 것은 아니지요
그 덕분에 먹고 삽니다

뉘 목숨줄을 끊어다가 겨우 내 밥줄을 이어갑니다
내가 잡아먹은 것들에 대한 조문의 방식으로 식단은 늘 전투식량처럼 간소합니다

용서를 해도 안 해도 상관없습니다
달라지는 것은 하나도 없으니까요
작두라도 탈까요

겨우 줄타기나 합니다
하루살이 한 마리에도 똥줄이 탑니다

무당이라니오
하긴 예수도 예수이고 싶었을까요

신당도 없이 바람 막아줄 집도 정당도 없이
말장난 같은 이름에 갇힌 풍찬노숙의 생

무당 맞습니다
그래서 어쩌라고요
—「예를 들어 무당거미」 전문

    시집의 표제작이기도 한 이 시편은 '무당거미'를 예민하게 관찰하고 그것을 비유적으로 의미화하고 있는 은유적 상상력의 결실이다. 자신에게 붙여진 '무당'이라는 명명이 당치 않다고 말하는 거미를 통해 어느 누구도 스스로의 운명을 내다보지 못한다는 것을 강조하고 있다. 물론 시인은 '보이는 것'보다는 '보이지 않는 것'이 중요함을 말하는데, 보이지 않는다고 그 자체로 존재하지 않는 것은 아니기 때문이다. 누군가의 목숨줄을 끊어다가 밥줄을 이어온 '무당거미'가 그네들에 대한 조문 방식으로 간소한 식단을 고집

하면서 "신당도 없이 바람 막아줄 집도 정당도 없이" 살아온 풍찬노숙의 생을 고백할 때, 무당임을 인정하면서도 그 정체성에 의구심을 동시에 가지는 '무당거미'는 어쩌면 '시인詩人'이라는 존재의 등가물이기도 할 것이다. 나아가 그것은 세상 모든 목숨들을 은유하는 것인지도 모른다. 그래서 시인은 "예를 들어"라는 말로 그 첨예한 범례성範例性을 드러내려 했을 것이다. "그늘로 햇볕을 대신하는 일종의 연금술 같은"(「근황」) 항변과 규정이 교차하는 모든 존재자들의 고백이 이 시편에 담긴 셈이다. 무당이자 무당이 아닌, 보이는 것 뒤로 보이지 않는 것이 천천히 돋아나오는 순간을 바라보고 표현하는 '시인'이라는 존재는, 다음 시편에서 세상의 끝으로 자리를 옮겨 존재 생성의 기운을 얻기도 한다.

> 며칠 묵어가네
> 끝이라 했으니
> 그 끝에 이르렀음에 난 하염없었네
> 끝은 시작으로 이어지고 끝은 없었네 없으니
> 어디에 이른단 말인가
> 수국이 길을 이루었네
> 이 아름다운 길도 종내는 무덤에 이어지고
> 길 밖은 또 수국, 바다였네

왔던 곳일까

갈 곳일까

종달에 방을 얻었네

며칠 묵을 무덤을 임대한 셈이지

끝이라 하였으니 유서를 쓰기 좋은 곳

숙소 앞 호밀밭 귀퉁이엔 웬 닭장

새벽이면 닭울음이 내 주검을 흔들어 깨워

하루에도 몇 번씩 윤회의 바퀴를 타네

검은 현무암 돌담처럼 경계가 뭉개진 종달리는

시 쓰기 좋은 곳

이번 생은 무효라고 쓰네

시도 유서도 바람이 금방 지워주는 바닷가

세상에 그런 이름이 있었네

―「종달終達」전문

  수국이 아름답게 피어 있는 "제주도 구좌읍 종달리"에서 며칠 묵으며 시인은 스스로의 길을 열어간다. 시인은 끝[終]에 이르러서야[達] 비로소 '끝'이 '시작'으로 이어지고 있음을 발견한다. 수국이 가득한 길에서 "이 아름다운 길도 종내는 무덤에 이어지고" 있음을 생각하면서 '시작―끝'에 상응하는 '길―무덤'이라는 인생론적 은유를 마침내 불러온다. 길 밖으로 펼쳐진 수국과 바다는 과연 왔던 곳이기도 하고 가야 할 곳이기도 하다는 것을 시인은 상상해보는데, 무당이자 무당이 아닌 거미처럼, 그곳은 '끝'이어서 무덤 같기도 하고 유서 쓰기도 좋은 곳이지만, 새벽 닭 울음소리가 주검을 흔들어 깨워 시쓰기에도 좋은 곳이지 않은가. "시도 유서도 바람이 금방 지워주는 바닷가"에서 '終達'의 의미를 돋을새김하는 시인의 존재론은 그렇게 '끝―무덤―유서'를 지우면서 '시작始作―새벽―시작詩作'의 순간을 불러오는 것이다. "내가 수고로이 일하며 살아야 할 이유가 여기에 있다"면서 "겨우겨우 그 기록이 나의 시"(「나의 직업」)라고 고백하는 '시인 복효근'의 모습이 "더 아프기 위해/ 해 지는 쪽으로 귀를 오래 열어두는 저녁 무렵"(「오후 여섯 시 사십 분」)처럼 번져오는 순간이다.

이렇듯 우리는 복효근의 빼어난 서정시를 통해 남루한 일상에서 빠져나오면서 동시에 미학적 차원으로 새롭게 등극하는 경이로운 존재 전이의 과정에 참여하게 된다. 그것은 현실에 집착하거나 사물에 탐닉하는 것을 한꺼번에 지양止揚하면서 더 깊고 넓은 차원을 경험하고 다시 스스로에게 귀환해오는 과정이기도 하다. 그러한 역설적 긍정의 과정을 통해 복효근은 심원한 삶을 감싸고 있는 깊고 은밀한 서정을 우리에게 남김없이 보여준다. 그것이 '종달' 같은 곳에서 '무당거미'처럼 누리는 '삶―시'의 유일한 방법론이었을 것이 아닌가. 이렇게 '보이는 것'을 통해 '보이지 않는 것'을 전유해가는 시선이 그의 시로 하여금 우리 시단에서 우뚝 솟아오르게끔 하고 있는 것이다.

4. 연민과 자긍을 통한 존재론적 탐색의 의지

그런가 하면 우리는 이번 시집에서 복효근의 성정에 깊이 숨겨져 있는 대상을 향한 깊은 연민의 문양과 그것을 삶의 심원한 자긍自矜으로 귀납해가는 흐름을 만날 수 있다. 그는 삶의 갈등과 불안을 노래하다가도 궁극적으로는 그것을 긍정하는 마음으로 귀환하는 시인이다. 이 모든 것이 그가 서정적 구심을 통해 인간 본연의 마음과 기억과 감각을 탈환하려는 시인임을 일러주는 사례일 것이다. 그의 목소리는 풍경과 내면의 선연한 조응을 바탕으로 하면서도 궁극적인 삶의 기율과 자세는 그러한 정신적 견인의 속성에서 나오는 것임을 알려준다. 그래서 우리는 그의 시학적 기저基底에 부재와 결핍의 시공간이 놓여 있다 하더라도, 그것이 퇴영적 자기 위안에 머무르지 않고 오히려 생성 지향적인 에너지를 내장하고 있는 세계라고 이해하게 된다. 오랜 시간 속에서 감각의 구체성과 정신의 가열함이 이루어가는 견고한 결속이 처연하고도 아름다운 풍경으로 펼쳐져 있는 것이다.

가난한 이웃나라 어느 빈촌에 갔을 때

진열대에 싸구려 과자만 잔뜩 쌓여있는

허름한 가게 하나 있었다

헐벗은 아이들의 초롱한 눈망울이 애처로워

몇 푼씩 주려 하자

안내를 맡은 이가 돈을 주는 대신 가게에서 과자를 사서

한 봉지씩 쥐어주라고 했다

과자 한 봉지씩 쥐어주고

쓰러져가는 집들을 돌아보고 골목을 벗어나려는데

아이들 손에 들렸던 과자는 다시 거두어져

진열대에 놓이는 것을 보았나

내가 준 것이 독이었을까 약이었을까

내가 지은 것이 복이었을까 죄였을까

어느 하늘보다 별이 맑은 그 밤

끝내 묻지 못하였다

아이들의 머루알 같은 그 눈망울의 배후

　—「그 눈망울의 배후」 전문

이번 시집에는 이른바 '기행시편'이 다수 실려 있다. 이

웃나라들의 타자들을 접하면서 시인은 '당나귀'처럼 느리고 오랜 시간의 상관물에 깊은 애정을 표하기도 하고, 잠깐 마주친 불우한 아이들에 깊은 긍휼의 마음을 가지기도 한다. 휘황한 문명에 대한 찬탄이나 외지로 나선 이의 흥분 같은 것은 전혀 없다. 위의 작품도 "가난한 이웃나라 어느 빈촌"의 이야기인데, 시인은 어느 허름한 가게에서 만난 "헐벗은 아이들의 초롱한 눈망울"을 노래한다. "쓰러져가는 집들"처럼 애처롭게 살아가는 아이들을 보면서 그 초롱하고 머루알 같은 눈망울에 자신이 어떤 '독/약'과 '복/죄'를 주었는지 모르겠다는 고백을 이어간다. 그 지극한 연민의 마음이 "어느 하늘보다 별이 맑은 그 밤"을 우리에게 밝혀주는 것이다. 현실적으로 배후가 존재하는 눈망울들을 향한 연민의 무력함과 불가피함을 동시에 실감하면서 시인은 그럼에도 따뜻한 마음으로 우리에게 "신은 분명 모성이었을 것"(「무화과」)임을 설파해가지 않는가.

어제는 바람이 서쪽에서 불어왔으므로
구름은 동쪽으로 흘러갔다
오늘은 바람이 불지 않았는데도 구름은 흘러갔다

아침녘엔 어치가 와서 놀다 갔는데
오후엔 물까치가 왔다 갔다

다시 새를 기다리는데
가까운 선배 모친 부음이 왔다
잠시 후엔 거리조차 먼 선배 모친의 부음이 왔다

둘 다 가고 싶지 않았지만
먼 쪽을 택해 조문을 갔다

빈소에 아는 조문객도 없고 해서
슬그머니 나와 바닷가 횟집에서 소주를 마셨다

아닌 쪽에서 부음이 오기도 하고
없는 쪽에서 구름이 오기도 한다

내가 가는 날
아주 먼 후배가 조문을 왔다가
가까운 중국집에서 짬뽕을 먹고 갈지도 모를 일

내일은 박새가 몇 마리 놀러 올지도 모른다
혹은 아무것도 오지 않을지도 모른다
　—「구름의 행로」 전문

　이 아름다운 작품은 '구름'이라는 원형심상을 통해 삶의 불가피한 유동성과 그럼에도 불구하고 지속되어가는 항상

성을 함께 보여준다. 어제와 오늘, 서쪽과 동쪽, 바람과 구름은 우리가 살아가는 세계를 이루는 시간과 공간과 사물을 제유提喩하고 있다. 아침과 오후, 어치와 물까치도 그러한 질서의 식솔들일 것이다. 그렇게 왔다 가고 불어와 흘러가는 것은 "가까운 선배 모친 부음"이나 "거리조차 먼 선배 모친의 부음" 같은 인생 세목들도 예외가 아니다. 그렇게 우리는 "아닌 쪽"이나 "없는 쪽"에서 오는 부음이나 구름처럼, 내일 박새가 올지도 아무것도 찾아오지 않을지도 모를 시간의 흐름 속에서 살아간다. 결국 구름의 행로는 인생행로인 셈이다. 그렇게 부음을 받은 사람이 부음을 건네기도 하고, 구름처럼 흘러갔다가 다시 돌아오게도 되는 삶의 근원적 이치들을 따라, 우리는 "꿈꾸는 자는 따로 돌아갈 길을 두지 않는다는 듯"(「어떤 배짱」)하지만 그것들이 모두 "나를 업었던 이/ 내가 업었던 이를 떠올려보는 해 저물녘"(「업다」)처럼 머뭇거리며 우리 삶 속에 서성일 것을 알아가게 된다.

이처럼 복효근은 감각의 충실성과 사물에 대한 신선한 발견을 통해 자신만의 서정시를 써가는 시인이다. 이 모든 것은 시인 자신의 경험이 대상과 호혜적 관계를 구축하면서 자연스러운 공감 과정으로 완성되어간 것이고, 대상과의 치명적 불화나 그사이의 균열보다는 그사이를 메우고 간극을 없애려는 친화 의지가 섬세하게 반영되어간 것이다. 많은 이들이 우리 시대를 일러 폐허의 시대라고 말하고 있지만 복효근은 여전히 서정시를 통해 그러한 세상을 역설적으로 개진하고 견뎌 간다. 그 점에서 '시인'이란 오랜 시간의 흐름을 순간적 함축 속에 구성함으로써 이 폐허의 시대를 견디게끔 해주는 견인주의자이기도 하다. 이번 시집에서 복효근은 우리에게 이러한 견딤과 위안과 치유와 긍정의 기록을 충실하고도 심층적으로 보여줌으로써 한 사람의 '시인'으로 다시 태어난 것이다. 물론 그것은 그 특유의 연민과 자긍을 통한 존재론적 탐색의 의지가 그로 하여금 자기 개진의 열정과 존재론적 탐색의 의지를 한껏 가지게끔 해주었기 때문일 터이다.

5. 고독을 넘어 가닿는 궁극의 신성神聖

복효근의 이번 시집에 실린 한 편 한 편의 작품을 정성 들여 읽다 보면 순연한 서정의 저류底流에 깊은 고독의 에너지가 흐르고 있음을 어렵지 않게 알 수 있다. 아닌 게 아니라 복효근의 시는 또렷하고 심미적인 시인의 기억에 의해 조직되고 있지만, 그 사이사이로 어쩔 수 없는 존재론적 고독이 얼비치는 순간을 흩뿌리고 있다. 이는 시인 자신이 겪어온 오랜 시간에 대한 미학적 헌사일 테지만, 어떤 근원적인 외로움이 시작詩作을 가능케 해준 역설의 토양이었음을 고백하는 것이기도 하다. 고독하고 서늘하게 살아온 자신의 삶에 상상의 파동을 개입시키면서 복효근은 이러한 남다른 실존의 방식으로 자신의 시학을 완성해간다. 선연한 기억을 통해 삶을 재현하면서도 궁극적 차원을 향한 순간을 새롭게 만들어가고 있는 것이다.

눈 덮인 덤불에
찔레가 붉은 등 몇 개
걸어놓은 뜻을

눈이 맑은 노랑턱멧새가
어찌 알고는
며칠 주린 제 뱃속에 모셔두기로 했던 거라

찔레 붉은 등이
제 등피의 도톰하고 따뜻한 불빛을
멧새에게 건네주면

이 아침 새는
화안하고 청량한 법문을
공기 중에 뿌려놓는다

멧새는 찔레 씨앗에 담긴

불씨를 꺼뜨리지 않고

수십 수백 작은 등불을 땅에 심는다

그래, 꺼지지 않는 등이

그렇게 전해져 오는 거라

전해져 가는 거라

—「전등傳燈」 전문

'傳燈'이란 불법佛法의 정맥을 주고받는 일을, 어두움 밝히는 등을 주고받음에 비유하여 이르는 말이다. 여기서는 자연 사물의 색상을 '등'으로 비유하면서 생명들끼리 기운을 주고받는 순간을 일러 '전등'이라고 명명한 것이다. 하얀 눈에 덮인 덤불에 아직 찔레가 "붉은 등 몇 개" 걸어놓은 채 있다. 그 뜻을 "눈이 맑은 노랑턱멧새"가 알아차리고 주린 제 뱃속으로 모신 것이다. "찔레 붉은 등"의 "도톰하고 따뜻한 불빛"은 그렇게 멧새에게 건네졌다. 그때 멧새는 멧새대로 "화안하고 청량한 법문을/ 공기 중에 뿌려놓는" 과정을 실천한 것이 된다. 멧새는 찔레 등에 담긴 불씨를 간직한 채 수많은 작은 등불을 땅에 심어놓은 것이다.

그러면 "꺼지지 않는 등"이 끊이지 않고 누군가에게 전해져가지 않겠는가. 이처럼 자연의 순환성과 상호의존성은 복효근 시의 오랜 화두이자 사유의 근간이다. 그러니 그에게 "물방울의 크기는/ 보름달이 비추는 그 아스라한 거리 거기까지"(「물방울의 크기」)일 것이고, 그 순간 그는 "나에게 당당한 시간"(「어떤 자랑」)을 누릴 수 있지 않겠는가. 외따로 떨어진 사물들은 이러한 연쇄적 관련성을 통해 하나의 생명 네트워크를 생성하면서 빛을 전해주고 받는 구성원으로 거듭나는 것이다.

> 언젠가부터 춥지 않은 겨울
> 그 끄트머리
> 봄비인지 겨울비인지 가랑비 오는데
>
> 실내에 들여놓았던 화분 몇
> 빗속에 내놓으니
> 푸른 빛
> 어쩌자고 또 내 안에도 푸른 빛
>
> 찾아오는 사람 없고
> 찾아갈 사람 없는 이즈음
> 앞으론 더 하겠지

더 가야 하나

더 해야 하나

바장이는 마음 앉혀놓고

목련가지 맺힌 빗방울

오래 지켜본다

안 보였던 것들이 보이는 즈음

건넛집 양철 지붕 가만히

가만히 내리는 빗소리 오래 듣는다

안 들리던 것들이 새삼 들리는 이즈음

—「다시 입춘 무렵」 전문

겨울이 지나고 다시 봄이 찾아올 무렵 시인은 지리산 자락에서 가랑비 내리는 것을 바라본다. 언젠가부터 춥지 않게 된 겨울의 끄트머리에 있는 입춘 무렵이다. '끄트머리'는 '끝'과 '머리'가 합쳐져 '끝'과 '시작'의 의미를 동시적 사건으로 품고 있는 기막힌 우리말이다. 지금 끄트머리에 내리는 비도 봄비의 시작일 수도 겨울비의 끝일 수도 있을 것이다. 시인은 실내의 화분들을 빗속에 내놓으면서 산속의 푸른빛과 함께 "어쩌자고 또 내 안에도 푸른 빛"이 밀려옴을 느낀다. "찾아오는 사람 없고/ 찾아갈 사람 없는 이즈음"의 고독은 여전히 지속되겠지만 이렇게 가고 오는 시간의 질서 앞에서 시인은 바장이는 마음 앉혀놓고 빗방울을 그저 오래도록 바라보는 충일함을 누려갈 것이다. "안 보였던 것들이 보이는 즈음"은 산속의 고독이 선사해준 은총이요 선물이었던 셈이다. 양철 지붕 두드리며 내리는 빗소리에서 "안 들리던 것들이 새삼 들리는 이즈음"까지 더해지면 무얼 더 바라랴. "어디를 지나는지도 모르는 나는/ 어디에 어떤 문장을 남기랴"(「지나다」) 하고 겸사를 했지만 '시인 복효근'은 이처럼 어엿하게 자신만의 문장을 남기고 있지 않은가. "외롭지 말자/ 그립지 말자/ 더더욱 사랑하지는 말자"(「술 깰 무렵」)라고 반어적으로 스스로를 다독인 것도, "주인 없는 신발을 닦는,/ 신을 일 없는 신발을 놓아두는 저 마음 헤아릴 수"(「흰 고무신에 대한 소고」)밖에 없음을 토로한 것도, 이러한 지극한 외로움과 그리움과 사랑이 담긴 결과가 아니겠는가.

결국 복효근 시인은 자연 사물을 향한 밀착된 경험과 다양한 시공간으로의 움직임을 통해 누구와도 닮지 않은 자신만의 서정시를 써간다. 풍경과 내면을 평면적으로 대응해가는 단조로운 방식을 넘어 내면의 고갱이가 예리하게 빛나는 순간을 항구화해간다. 형식적으로도 단단하고 구심적인 미학을 견고하게 보여주는 그의 서정시는 우리 시단에서 서정의 격과 품을 높고 넓게 각인한 단연 수일秀逸

한 실례로 남을 것이다. 또한 복효근은 서정의 원리를 산문적 의미로 환원하지 않으려는 일관된 의식을 통해 삶의 고유한 실존을 표상하면서도 그것을 근원적 차원으로 되돌림으로써 신성한 것의 존재론을 새삼 증언해준다. 이로써 우리는 다양한 삶의 모습에 숨어 있는 신성한 것들에 귀 기울이면서 지상에서의 힘겨운 삶을 견디고 치유해가는 서정적 경험을 선사받는 것이다. 고독을 넘어 가닿은 궁극의 신성神聖이 거기에 선연한 기억으로 웅크리고 있을 것이다.

6. 빼고 더할 것 없는 그만의 시사적 위상

복효근의 시는 고요로부터 길어올려진 언어적 결실이다. 고요의 언어는 본래적 서정시의 언어를 은은하게 환기한다. 투명하고 고요한 그의 언어는 의미로 환원되는 가시적 언어에 멈추지 않고, 이렇게 은은한 침묵으로 비가시적 존재에 대한 호소를 향한다. 이때 그의 시는 뭇 존재자들을 표상하는 매재媒材일 뿐만 아니라 그것들을 품고 있는 궁극의 신성을 표상하기도 한다. 이는 인간 언어의 근본적 한계를 넘어선 예지를 암시하기도 하고, 말하지 않은 채 말을 하는 불립문자不立文字의 차원을 함축하기도 한다.

그 점에서 고요를 통해 다다르는 외로움과 그리움과 사랑의 깊이야말로 둘도 없는 복효근 브랜드가 아닌가 하고 우리는 생각하게 된다.

원래 '꽃'이나 '나무'나 '새' 같은 자연 사물은 자족적이고 정태적인 것이 아니라 끊임없는 주체적 적응과 변화 과정 속에 놓여 있다. 하지만 그 안에는 반성적 치유와 온전 wholeness이라는 대안적 세계가 모두 들어 있다. 복효근은 그러한 완전체로서의 자연을 품으면서 근원적인 서정의 깊이를 완성해간다. 다양한 음역音域을 통해 자연과 삶의 예술적 순간을 노래하는 그의 서정시가 매혹과 통증과 그리움을 모두 담아낼 수 있었던 까닭도 거기 있을 것이다. 삶의 근원적 고독에도 불구하고 새로운 존재로의 전환을 상상적으로 성취해가는 그의 예지와 적공積功이 환하게 다가오는 순간이다. 다양한 시간 형식 속에서 고요로 출렁이고 그리움으로 물들어가는 그의 언어가 시집 안으로 무궁히 흘러가고 있지 않은가.

이제 우리는 뭇 존재자들에게 보내는 사랑의 마음과 그 생명들에 대한 아름다운 기억을 보여주는 뚜렷한 사례로서 복효근의 시를 새삼 떠올릴 것이다. 다시 말해 우리는 존재자들에 대한 세심하고 아름다운 기억과 그것들에 대한 한없는 연민과 애착의 문양을 한동안 만져보게 될 것이다. 그 점에서 복효근의 시는 사물을 세밀하게 관조하는 데 머무르지 않고 그것을 우리 삶의 구체성이 투사投射된 상관물로 만들어감으로써 "안 들리던 것들이 새삼 들리는 이즈음"(「다시 입춘 무렵」)을 우리에게 투명하게 들려준 것이다. 그렇게 이번 시집은 우리 시단의 정상 시편이 담긴 미학적 집성集成이요 "지리산 그늘 아래 산다."(「약력 추가」)고 스스로를 소개하는 '시인 복효근'의 빼고 더할 것 없는 시사적 위상을 낱낱이 보여주는 성취로 남을 것이다.

18
현대시학 기획시인선

예를 들어 무당거미

초판 1쇄 발행	2021년 10월 25일
초판 3쇄 발행	2023년 07월 21일
지은이	복효근
발행인	전기화
책임편집	고미숙
표지	석윤이
발행처	현대시학사
등록일	1969년 1월 21일
등록번호	종로 라 00079호
주소	서울시 종로구 계동길 41
전화	02-701-2341
블로그	http://blog.daum.net/hdsh69
이메일	hdsh69@hanmail.net
배포처	(주)명문사 02-319-8663
ISBN	979-11-86557-90-7 03810

○ 책값은 뒤표지에 있습니다.
○ 이 책의 판권은 지은이와 현대시학사에 있습니다.
  이 책 내용의 전부 또는 일부를 재사용하려면 반드시 양측의 서면 동의를 받아야 합니다.
○ 잘못 만들어진 책은 구입하신 서점에서 교환해드립니다.